Simone Pfeffer/Michael Göppner-Pfeffer

Lust auf Lernen

Lernfreude und Motivation
spielerisch fördern

Simone Pfeffer/Michael Göppner-Pfeffer

Lust auf Lernen

Lernfreude und Motivation
spielerisch fördern

FREIBURG · BASEL · WIEN

Gedruckt auf umweltfreundlichem, chlorfrei gebleichtem Papier

Umschlaggestaltung: R·M·E Roland Eschelbeck / Rosemarie Kreuzer
Umschlagfoto: Hartmut W. Schmidt, Freiburg
Fotos im Innenteil: privat
Illustrationen: von den Kindern Theresa, Simon, Vera, Max und Bela

Gesamtherstellung: fgb · freiburger graphische betriebe 2005
www.fgb.de

ISBN 3-451-28694-7

INHALT

6

EINLEITUNG

„Der Geist ist kein Schiff,
das man beladen kann,
sondern ein Feuer,
das man entfachen muss."

Plutarch

Freude und Interesse sind Gefühle, die das Lernen oftmals begleiten. Kinder sind von Natur aus neugierig und wissbegierig, sie wollen die Welt um sich herum kennen lernen und erfahren, wie sie funktioniert. Kinder haben Spaß beim Lernen, sie verspüren Freude und Stolz, wenn sie etwas verstanden haben und ihr Wissen und ihre Fähigkeiten zeigen und anwenden können.

Es gibt aber auch Kinder, die im Verlauf der Kindheit mehr und mehr die Lust am Lernen verlieren. Im Extremfall kann das bis hin zur Verweigerung führen. Solche Kinder machen häufig die Erfahrung, dass sie etwas nicht können oder es nicht richtig ist, wie sie etwas tun. Sie kommen in einen Teufelskreis aus Misserfolgserlebnissen und Demotivation. Das führt wiederum dazu, dass sie bestimmte grundlegende Fähigkeiten nicht ausbilden, auf denen die nächsten Lernschritte aufbauen. Die Entwicklung von Tobias ist ein Beispiel für einen solchen Prozess:

Als Tobias in den Kindergarten kommt, hat er wenig Erfahrung mit dem Malen. Seine Werke werden von anderen Kindern mit Kommentaren wie „Du kannst ja gar nicht malen!", „Was soll das denn sein?" und ähnlichen Sätzen bewertet. Er lässt sich schnell entmutigen und meidet die Malecke. Dadurch übt und lernt er nicht, wie man die Hand mit dem Stift so steuert, dass bestimmte Formen auf dem Papier entstehen. Er wird auch nicht von außen zu weiteren Aktivitäten ermuntert. Ein Jahr später unternimmt er wieder einen Versuch in der Malecke, der jedoch für ihn wieder nicht mit einem Erfolg, sondern mit einem Versagensgefühl endet, denn die anderen Kinder haben im Verlauf des Jahres häufiger gemalt und dadurch mehr Sicherheit im Gestalten erworben. Sie können ihre Vorstellungen besser als zuvor darstellen, denn sie haben vielfach geübt, die Hand mit dem Stift zu kontrollieren und gezielt zu steuern. Der Abstand zwischen seinen Fähigkeiten und denen der anderen hat sich also vergrößert. In der Folge nimmt er Stifte nur in die Hand, wenn es sein muss. Mit sechs Jahren kommt er in die Schule und die ersten Schreibübungen beginnen. Die Buchstaben auf dem Papier zu formen, fällt ihm schwerer als vielen anderen Kindern, denn es fehlt ihm an Übung. Es kommt zu weiteren Misserfolgserlebnissen, denn er schreibt sehr ungelenk und braucht lange dafür. Die Sternchen für gute Leistungen bleiben aus. Tobias muss nicht nur viel schreiben und die Stiftführung üben, sondern auch noch zusätzlich damit umgehen, dass er es schlechter kann als andere und manche ihn auch damit hänseln. Sein Selbstvertrauen leidet. Dazu kommt, dass er weniger Zeit zum Spielen hat, weil er lange für seine Hausaufgaben braucht. Er möchte sich bewegen und mit seinen Freunden draußen sein, die schon Fußball spielen, während er noch schreiben muss. Er findet die Schule blöd, sie ist für ihn etwas, dass gegen seine Interessen geht und viele Misserfolge für ihn bereithält.

Das Beispiel von Tobias beschreibt einen Teufelskreis, in dem Lernfreude und Motivation buchstäblich auf der Strecke bleiben. Die Misserfolge häufen sich, es wird für ihn immer schwieriger, den Vorsprung der anderen aufzuholen. Er kann in Bezug auf die Schule willentlich kaum Erfolgserlebnisse herstellen. Er verfügt nicht über wichtige Grundfähigkeiten und dies hindert ihn daran, Erfolge zu erzielen. So kann es passieren, dass er irgendwann zu der Gruppe der schlechten Schüler gehört, obwohl er ohne diese Häufung von Misserfolgserlebnissen und mit der entsprechenden Lernfreude und Motivation Chancen gehabt hätte, zumindest beim guten Durchschnitt mitzuhalten.

Misserfolge gehören zum Leben dazu und Kinder müssen lernen, mit ihnen umzugehen. Wenn sie aber überhand nehmen und es zu wenige Erfolge gibt, die man als positive Erfahrungen ausgleichend daneben stellen kann, werden Selbstbewusstsein und die Überzeugung, selbst etwas bewirken zu können, empfindlich geschwächt.

Eine solche Situation kann auch dazu führen, dass Vermeidungsstrategien ausgebildet werden, um negativen Erfahrungen aus dem Weg zu gehen. Neugier und andere für das Lernen wichtige Faktoren bleiben dabei buchstäblich auf der Strecke.

In diesem Buch möchten wir der Frage „Was ist wichtig für Lernfreude und Motivation?" nachgehen und einige theoretische Impulse dazu geben.

Neben einigen wissenswerten Informationen über Zusammenhänge von Gehirnentwicklung und Lernen werden verschiedene Formen des Lernens dargestellt. Die enge Wechselwirkung von Lernen und Motivation sowie die Bedeutung von Zielen und Selbstwirksamkeit werden beleuchtet. Ein weiterer wichtiger Punkt ist auch das Zusammenspiel von Emotionen und Lernen. Zusammenfassend führen bestimmte Bedingungen und Situationen eher zu problematischen Entwicklungen in Bezug auf Lernen, während andere die Lernfreude eher fördern.

Die Anwendung des theoretischen Wissens und die Umsetzung in der Praxis ist das zweite wesentliche Anliegen dieses Buches. Viele Übungen und Spiele zu den verschiedenen Aspekten, die Lernfreude und Motivation unterstützen, werden im Praxisteil vorgestellt.

Die Übungen und Spiele sollen dabei helfen, den Boden zu bereiten, um Selbstvertrauen in die eigenen Fähigkeiten und positive Lernerfahrungen zu ermöglichen. Dabei ist es immer wieder von Neuem wichtig, auf den Entwicklungsstand des einzelnen Kindes zu achten und sein persönliches Lerntempo wahrzunehmen. So kann eine Übung für einen Sechseinhalbjährigen zu komplex sein, während sie von einem anderen Kind mit fünf Jahren gut bewältigt wird. Viele Übungen können leicht auf zwei oder mehrere Termine verteilt werden, wenn die Kinder diese Zeit brauchen. Ein Spiel oder eine Übung kann, wenn sie beispielsweise nach einem halben Jahr wiederholt wird, zu einem neuen Verständnis eines Sachverhaltes und zu vertieften Ergebnissen führen.

Wir möchten Sie einladen, die Anregungen in diesem Buch auszuprobieren und gemeinsam mit den Kindern zu entdecken, was Freude, Neugier und Spaß beim Lernen am meisten unterstützt.

Zweifelderball

Ich spiele gern Zweifelderball, weil mir das Spaß macht. Ich würde gern die anderen abwerfen, aber ich kriege nie den Ball. Ich habe mich schon einmal vorgetraut um den Ball zu kriegen, aber das hat mir nicht viel geholfen, weil ich abgeworfen wurde. Der Ball knallt an meinen Körper und das tut weh. Aber ich nehme mir immer wieder den Mut, nach vorne zu preschen und den Ball zu holen.

Hannes Bäß, 6 J.

Aus: Haus der Kinder. Stadtteilbüro Jena Nord. Mut – Ein Hosen-Taschen-Buch für den Mut von den Buchfinken aus Jena.

Wissenswertes zum Thema

Lernen

Lernen ist ein Prozess, der sich permanent vollzieht. Unser Gehirn lernt immer, es ist speziell dafür ausgerüstet. Manfred Spitzer, Neurobiologe und Professor für Psychiatrie an der Universität Ulm, drückt das mit folgenden Worten aus:

„Wenn man irgendeine Aktivität nennen sollte, für die der Mensch optimiert ist, so wie der Albatros zum Fliegen oder der Gepard zum Rennen, dann ist es beim Menschen das Lernen. Unsere Gehirne sind äußerst effektive Informationsstaubsauger, die gar nicht anders können, als alles Wichtige um uns herum aufzunehmen und auf effektivste Weise zu verarbeiten" (Spitzer 2002, S. 10).

Lernen ist ein aktiver Prozess, in dessen Verlauf sich Veränderungen im Gehirn des Lernenden abspielen. Lassen Sie uns zum besseren Verständnis dafür einen Blick auf ausgewählte neurobiologische Vorgänge werfen.

Gehirnentwicklung: Das neuronale Netz wird ausgebaut

Unser Gehirn ist wie ein riesiges Netzwerk aufgebaut. Es besteht aus 100 Milliarden Nervenzellen, die vielfach durch Nervenbahnen miteinander verbunden sind und durch die elektrische Impulse ausgetauscht werden. Bei allem, was wir tun, beim Denken, Handeln oder beim Lernen feuern jeweils bestimmte Nervenzellen gemeinsam elektrische Impulse ab.

Zum Zeitpunkt der Geburt sind im Wesentlichen alle Nervenzellen des Gehirns bereits angelegt. Sie sind zum Teil schon miteinander durch dünne Nervenbahnen vernetzt. Diese Verbindungen werden im Verlauf der ersten Lebensjahre durch Lernprozesse, bei denen eine Häufung der elektrischen Impulse entlang bestimmter Nervenbahnen auftritt, weiter ausgebaut. Auch die Zahl der Verbindungen zwischen den Nervenzellen nimmt zu. Während bei einem Neugeborenen jede Nervenzelle rund 2500 Kontaktstellen hat, ist bei einem dreijährigen Kind ein Zuwachs auf ca. 15000 Verbindungen zu verzeichnen.

Der Kopf eines Neugeborenen ist etwa halb so groß wie der eines Erwachsenen. Das Gehirn wächst nach der Geburt, die Verbindungen reifen, indem sie durch häufigere Impulse verstärkt werden. Die Nervenfasern werden dicker, es bildet sich um sie herum jeweils eine Schicht aus so genanntem Myelin. Diese Schicht isoliert die Fasern und die elektrischen Impulse können um ein Vielfaches schneller weitergeleitet werden. In Zahlen ausgedrückt heißt das: Durch die Isolierung steigt die Geschwindigkeit der Nervenleitung von 3 Meter pro Sekunde auf 110 Meter pro Sekunde. Es können also sehr viel schneller Informationen zwischen den Zellen ausgetauscht werden. Damit sind diese entwickelten Gehirnareale um ein Vielfaches leistungsfähiger als zuvor.

Ungefähr ab dem dritten Lebensjahr bilden sich die schon bei der Geburt angelegten Kontakte zwischen den Zellen zurück, die nicht durch Erfahrung und Lernen beansprucht werden. Langfristig bleiben nur noch die Verbindungen bestehen, die regelmäßig benutzt.

Durch Lernprozesse bildet und verstärkt sich also das neuronale Netz in unserem Gehirn.

Man könnte diese Prozesse auch mit folgender Metapher beschreiben:

In einem Landstrich gibt es verschiedene Häuser, die durch Trampelpfade verbunden sind. Einige Trampelpfade werden häufig benutzt, sie verbreitern sich dadurch im Verlauf der Zeit mehr und mehr. Nun möchte man auf diesen wichtigen Pfaden schneller vorankommen und vielleicht auch noch zusätzlich Dinge transportieren. Sie werden geteert und zu richtigen Straßen ausgebaut, so dass man auf ihnen nicht nur laufen, sondern auch fahren kann und viel schneller von einem Haus zum nächsten kommt. Die Pfade, die nicht benutzt werden, wuchern zu. Auf ihnen wachsen Gras und Gestrüpp und bald sind sie nicht mehr zu erkennen. Sie verschwinden einfach, während auf den ausgebauten Straßen ein hoher und schneller Verkehrsfluss herrscht.

So ähnlich kann man sich die Entwicklung des Netzwerks im menschlichen Gehirn speziell in den ersten Lebensjahren vorstellen. Die Verbindungen zwischen den Nervenzellen werden ausgebaut, wenn sie häufig benutzt werden. Die Information kann immer schneller fließen. Bis zum Ende des zweiten Lebensjahres überwiegt der Aufbau von neuen Nervenbahnen. Dann beginnt daneben der Rückbau von ungenutzten Nervenbahnen. Von den ursprünglich angelegten Verbindungen bleibt nur etwa ein Drittel erhalten.

Bis zum Ende der Pubertät setzen sich diese aktivitätsabhängigen Entwicklungsprozesse des Gehirns fort. Im Zuge des „Auswachsens" reduzieren sich die Veränderungen in der Struktur. Das neuronale Netz ist sehr schnell und leistungsfähig, allerdings auch in vielen Punkten festgelegt.

Gleichwohl lernt man als Erwachsener weiter. Es gibt nach wie vor Veränderungen im Gehirn, jedoch überwiegend im Bereich der Aktivierungsmuster, denn Nervenzellen sind „zeitlebens in der Lage, ihre komplexen Verschaltungen an neue Nutzungsbedingungen anzupassen" (Hüther 2001, S. 11). Aktivierungsmuster zeigen an, welche Teile im Gehirn bei einer bestimmten Beanspruchung aktiviert werden. Wärmebildaufnahmen des Gehirns verdeutlichen, dass größere Gebiete bei der Verarbeitung aktiviert sind, wenn wir etwas Neues lernen. Bei der Ausführung einer geübten Aufgabe kann man deutlich weniger Aktivität beobachten. Für sie wird weniger Energie benötigt und es ist mehr Kapazität für neue Dinge frei.

Das Gehirn lernt und entwickelt sich zugleich

Aus diesem Zusammenspiel ergeben sich bedeutsame Konsequenzen: Die Wechselwirkung von Reifung und Lernen hat zur Folge, dass es Zeitabschnitte in der Kindheit gibt, in denen bestimmte Erfahrungen gemacht werden müssen, damit entsprechende Fähigkeiten erworben werden. Sonst werden die Fähigkeiten zeitlebens nicht mehr richtig und nur noch unter großen Anstrengungen gelernt. Die dafür vorgesehenen Verbindungen haben sich zurückgebildet, weil sie nicht aktiviert wurden.

In Bezug auf den Spracherwerb geben die so genannten Wolfskinder ein Beispiel für diese Zusammenhänge. Als Wolfskinder werden Kinder bezeichnet, die bis in die spätere Kindheit oder Jugendphase hinein von Menschen isoliert gelebt haben bzw. nicht mit Sprache in Kontakt gekommen sind. Solche Menschen können eine Sprache nicht mehr vollständig lernen, auch wenn sie später dabei sehr gefördert werden. Es bleiben immer Abweichungen in der Lautbildung oder grammatikalische Fehler bestehen (vgl. Scheunpflug 1995, S. 52ff.).

In der Sprachentwicklung gibt es eine sensible Phase, in der die Sprachlaute und die Regeln der Sprache bis hin zur komplizierten Grammatik erworben werden. Japanische Kinder verfügen z. B. noch über die Möglichkeit, r und l voneinander zu unterscheiden. Dieses Unterscheidungsvermögen wird aber nicht herausgebildet, denn in der japanischen Sprache gibt es diese Unterscheidung nicht. Die beiden Laute werden als gleich wahrgenommen. Für erwachsene Japaner ist es sehr schwer und nur mit intensivem Training möglich, diese Unterscheidung zu lernen.

Auch für die Entwicklung motorischer Fähigkeiten gibt es sensible Entwicklungsphasen. Dafür ist das Fahrradfahren ein gutes Beispiel. Rad fahren kann im Kindesalter verhältnismäßig leicht gelernt werden, als Erwachsener aber hat man es schwer, die vielen komplizierten Bewegungsabläufe zu koordinieren, auch wenn der Ablauf vom Verstand her durchschaut wird.

Um ein Musikinstrument zu beherrschen, müssen ebenfalls differenzierte motorische Fähigkeiten entwickelt werden. Bei einem Kind, dass früh Geige spielen lernt, wird die Koordination der linken Hand, die für die Saiten zuständig ist, intensiv geübt. Damit wird das entsprechende Hirnareal mehr Raum einnehmen als bei anderen Menschen.

Um die angelegten Möglichkeiten und damit das Gehirn zu entwickeln und auszubilden, müssen viele Bereiche frühzeitig aktiviert und beansprucht werden.

Grundlegend sind dabei die Anregung der verschiedenen Sinnessysteme, der Bewegung bzw. der motorischen Fähigkeiten, der emotionalen und sozialen Fähigkeiten und der Sprache, zu der neben dem verbalen Ausdruck auch die nonverbale Kommunikation gehört.

Unsere Sinnessysteme: Im Kontakt mit der Welt

Unsere Sinnessysteme sind unsere Tore zur Welt. Über sie werden Eindrücke von außen aufgenommen und im Gehirn weiterverarbeitet, indem sie gesammelt, sortiert und ausgewertet werden. Vom ersten Tag an machen wir Erfahrungen über die verschiedenen Sinneskanäle und entwickeln sie weiter. Je nach Aktivierung differenzieren sie sich aus und übermitteln immer genauere Informationen.

Der *Körper- und Bewegungssinn* liefert dem Gehirn Informationen von der Haut, den Muskeln und den Gelenken, um Tasten sowie andere grob- und feinmotorische Bewegungen zu steuern.

Der *Gleichgewichtssinn* informiert über die Stellung unseres Körpers im Raum. Mit seiner Hilfe wissen wir, ob wir einen Kopfstand machen, hin- und herschaukeln oder gerade stehen. Wenn dieser Sinn nicht mehr richtig funktioniert, kann es sein, dass ein Mensch nicht mehr gerade laufen kann, sondern einfach hinfällt, obwohl er von seinem Körper her die Fähigkeit hätte, zu laufen.

Mit dem *Hören* nehmen wir Geräusche, Laute und Klänge wahr. Wir lernen, sie wieder zu erkennen, sie voneinander zu unterscheiden und sie mit Bedeutung zu versehen. Ein wichtiger Lernschritt beim Erlernen einer Sprache ist die Unterteilung der Lautfolge in verschiedene Lautsegmente, die eine spezifische Bedeutung haben und dann „Wörter" heißen. Eine Fähigkeit, mit der man übrigens Schwierigkeiten hat, wenn mehrere Menschen gleichzeitig in einer Sprache sprechen, die man als Zweit- oder Drittsprache erst in der Jugend oder als Erwachsener erlernt hat. Im Gegensatz dazu ist es in der Muttersprache leicht möglich, einzelne Worte herauszufiltern.

Mittels des *Sehsinnes* machen wir uns ein Bild von der Welt. Neben differenzierten Fähigkeiten wie Farb- oder Formerkennen können auch komplexe Inhalte in einer visuellen Vorstellung gespeichert werden. Beispielsweise ist es für die Rechtschreibung wichtig, bestimmte Buchstabenkombinationen wie „upp" oder „ach" innerlich zu „fotografieren", sich also ein bestimmtes Muster zu merken. Beim Schreiben wird dann das geschriebene Wort mit gespeicherten Details des Wortes verglichen und auf dieser Grundlage entschieden, ob es richtig geschrieben ist.

Riechen und Schmecken hängen eng zusammen. Wenn der Geruchssinn beeinträchtigt ist, schmeckt man sehr viel weniger. Vor allem geschmackliche Nuancen gehen verloren. Die Verbindung vom Riecheindruck zum verarbeitenden Areal im Gehirn ist sehr kurz und funktioniert daher sehr schnell. Man spricht deswegen auch von dem „Fahrstuhl in die Vergangenheit". Damit ist zum Beispiel gemeint, dass wir uns, wenn wir etwas Bestimmtes riechen, sofort in die Küche unserer Oma versetzt fühlen, in der es auch immer so gerochen hat. Informationen über den Geruchssinn wirken oft unbemerkt, weil ihnen wenig bewusste Aufmerksamkeit gewidmet wird. Tatsächlich versorgt uns dieses System mit vielen Informationen, z. B. über Gesundes und Ungesundes und über den eigenen emotionalen Zustand oder den von anderen. Bei Angst hat der Schweiß beispielsweise einen ganz typischen Geruch, den Hunde sofort erkennen. Viele Tiere orientieren sich überwiegend mit Hilfe des Geruchssinnes, sie haben „Geruchskarten", unseren Landkarten vergleichbar, über bestimmte Gebiete im Kopf gespeichert.

Wenn man die verschiedenen Sinnessysteme in Lernprozesse einbezieht, gestaltet man diese umfassend, lustvoll und abwechslungsreich.

Bei den meisten Menschen sind bestimmte Sinnesbereiche stärker ausgeprägt als andere oder sie sind über einen Sinneskanal besonders leicht anzusprechen. Daher ist es sinnvoll, Lernstoff über möglichst viele verschiedene Zugänge anzubieten, so dass man ihn berühren kann, er begreifbar ist, man ihn visuell erfassen kann und bestimmte dazu passende Laute oder Klänge zu hören sind. Eindrücke eines bestimmten Geschmacks oder Geruchs können die Erfahrung noch zusätzlich bereichern.

Bei einer so genannten „vollen Erfahrung", in der alle Sinnessysteme angesprochen sind, entsteht häufig ein besonders tiefer Eindruck. Auf diese Weise erreicht man in einer Gruppe viele Kinder, denn manche haben mehr Zugang über eine Berührung, während es für andere sehr wichtig ist, eine Sache anzusehen. Wieder andere werden besonders davon berührt, etwas zu hören, z.B. eine Geschichte erzählt zu bekommen oder einem Musikstück zu lauschen.

Manchmal kann es aber auch wichtig sein, die Kinder nicht auf allen Sinneskanälen zu „überfluten", sondern die Sinne nacheinander anzusprechen, damit die Eindrücke klar wahrgenommen und unterschieden werden können und erst im Anschluss an die einzelnen Erfahrungen alle gleichzeitig anzubieten.

Positive Lernerfahrung und das gehirneigene Belohnungssystem

Positive Erfahrungen beim Lernen, zum Beispiel durch Erfolgserlebnisse, interessante Inhalte und ein bereicherndes Zusammensein mit anderen, fördern die natürlich vorhandene Lernfreude und motivieren zum Weiterlernen.

Gelernt wird besonders leicht und nachhaltig dann, wenn positive Erfahrungen gemacht werden. Diese können durch Anerkennung von außen, durch positive Verstärkung und durch unser inneres Belohnungssystem ausgelöst werden.

Wir Menschen verfügen über ein Belohnungssystem im Gehirn, das bei positiven Erfahrungen und Erfolgserlebnissen bestimmte Botenstoffe (z. B. Dopamin) ausschüttet, die Wohlgefühl, gesteigerte Aufmerksamkeit und Klarheit im Denken bewirken. Vor allem, wenn das Ergebnis besser als erwartet ist, springt das Belohnungssystem an. Neben einem guten Gefühl löst die Ausschüttung der Botenstoffe Prozesse im Hirn aus, die die Wahrscheinlichkeit erhöhen, dass das Verhalten oder Ereignis, das zum Erfolg geführt hat, besonders gut abgespeichert, also gelernt wird. Dieser Mechanismus erhöht wiederum die Erfolge beim Lernen.

Dieses System funktioniert völlig getrennt vom Lernen durch Strafe, es ist nur für die Belohnung von positiven Lernerfahrungen zuständig.

Die Freisetzung dieser Botenstoffe erfolgt ebenfalls bei der Begegnung mit Neuem, steht also im Zusammenhang mit Neugier und Entdeckerfreude.

Übrigens aktivieren auch Schokolade, gute Musik, ein nettes Wort oder ein freundlicher Blick unser Belohnungssystem. Hieraus wird deutlich, wie wichtig ein gutes Lernklima für Lernerfolge ist, ein Lernklima, in dem gegenseitige Anerkennung und Respekt die Grundlage bilden.

Positive Lernerfahrungen haben einen wesentlichen Einfluss auf die Lernfreude und damit auf die Motivation. Inhalte aus positiven Lernerfahrungen verankern sich besser und langfristiger im Gedächtnis.

Verschiedene Formen des Lernens im Alltag

Die Wissenschaft beschäftigt sich schon lange mit der Frage, wie Lernen funktioniert. Daraus haben sich verschiedene lerntheoretische Ansätze entwickelt, z. B. befassten sich die Behavioristen, also die auf das Verhalten bezogenen Forscher, vorwiegend mit Lernen durch Konditionierung, während eine andere Gruppe von Psychologen dem eigenen Erleben und der Einstellung bei Lernvorgängen eine entscheidende Rolle zumaß.

Heute geht es weniger darum, eine einzige, allumfassende Lerntheorie zu entwickeln, denn man hat erkannt, dass die verschiedenen Ansätze jeweils wertvolle Aspekte beinhalten. Die folgenden verschiedenen Arten des Lernens sind häufig im Alltag zu beobachten. Sie schließen sich nicht gegenseitig aus, sondern wechseln sich ab oder treten manchmal auch nebeneinander auf.

Konditionierung

Wird eine Erfahrung, ein Reiz mit einer Belohnung oder Bestrafung gekoppelt, lernt der Organismus, diese Erfahrung mit der Belohnung oder mit der Bestrafung in Verbindung zu bringen. Entsprechend kann er sich verhalten, also Reize mit negativen Konsequenzen meiden und solche mit positiven Konsequenzen suchen. Es gibt also positive und negative Verstärker von Verhalten. Allerdings sind die gehirneigenen Systeme für Belohnung und Bestrafung völlig verschieden.

Es werden zwei Formen der Konditionierung unterschieden. Iwan Pawlow gilt als Entdecker der reizbedingten oder auch *klassischen Konditionierung*. Er hatte beobachtet, dass Hunde auf den Anblick ihrer Wärter, von denen sie regelmäßig gefüttert wurden, mit unwillkürlichem Speichelfluss reagierten. Daraufhin kombinierte er den Klang einer Glocke mit der Futtergabe. Nachdem die Hunde diese Erfahrung einige Male gemacht hatten, lief ihnen bereits das Wasser im Munde zusammen, wenn sie den Glockenton hörten. Sie hatten gelernt, den Klang mit dem Erhalt von Essen in Verbindung zu bringen und reagierten unwillkürlich darauf. Hier wird der Glockenklang als vormals neutraler Reiz mit der Futtergabe kombiniert und dadurch der Speichelfluss als eine schon aus anderen Zusammenhängen bekannte Reaktion, ausgelöst.

Bei der verhaltensbedingten oder auch *operanten Konditionierung* geht es darum, neue Verhaltensweisen zu lernen. Man bezeichnet diese Lernform auch als Lernen am Erfolg. Sie wurde von Burrus Skinner beschrieben und vielfach an Ratten oder Mäusen untersucht. Die Nagetiere erhielten Futter, wenn sie unbeabsichtigt einen Hebel drückten. Nachdem sie diesen Zusammenhang gelernt hatten, betätigten sie gezielt den Hebel und hatten so eine neue Verhaltensweise entwickelt, über die sie vorher noch nicht verfügten.

Die Konditionierung ist eine Art zu lernen, die in vielen Formen im Alltag auftritt, aber nicht absolut und mechanisch zu sehen ist. Menschen sind komplexe Wesen, bei denen viele innere Prozesse und äußere Einflüsse zusammenwirken und das Lernen bestimmen.

Der schon oben zu Wort gekommene Gehirnforscher Manfred Spitzer vertritt die Ansicht, „dass für den Menschen die positive Erfahrung schlechthin in positiven Sozialkontakten besteht. Plakativ formuliert: Der lernende Mensch ist kein Nagetier, das reflexhaftes Verhalten produziert und um so mehr davon, je mehr Fütterkügelchen es für ein bestimmtes Verhalten erhält. Selbst Ratten sind in dieser Hinsicht schlechte Ratten. Menschliches Lernen vollzieht sich immer schon in der Gemeinschaft, und gemeinschaftliche Aktivitäten bzw. gemeinschaftliches Handeln ist wahrscheinlich der bedeutsamste ‚Verstärker'" (Spitzer 2002, S. 181).

Neben dem mechanischen Zustandekommen von Verbindungen wird von Spitzer hier besonders die Bedeutung der emotionalen und sozialen Beziehungen als Verstärker beim Lernen hervorgehoben.

Das *Lernen durch Versuch und Irrtum* gehört auch in den Bereich der operanten Konditionierung. Es werden verschiedene Lösungswege ausprobiert, bis man die beste Lösung gefunden hat.

Ein typisches Beispiel für diese Art zu lernen kann man gut bei Kindern beobachten, die versuchen, ein Puzzle zusammenzusetzen. Immer wieder legen sie Teile an andere Teile an und probieren einfach aus, ob sie passen.

Ein anderes Beispiel für diese Art des Lernens haben wir bei Jimmy beobachtet, einem 5 Jahre alten Jungen, der versucht, im Kindergarten eine Kletterwand zu erklimmen. Er probiert verschiedene Möglichkeiten aus, wie er die Füße auf die Vorsprünge setzen muss, dass sie Halt haben und wie er sich mit den Händen gut festhalten kann. Nachdem er eine Weile geübt hat, ist er auf einen brauchbaren Weg gekommen, wie er nach oben gelangen kann. Jetzt beginnt er, diesen Weg zu variieren. Nach einiger Zeit hat er mehrere Strategien entwickelt, um die Wand zu erklettern.

Die wesentliche Strategie dieser Lernform lautet also „Ausprobieren". Das, was gelingt und mit einem Erfolg endet, wird positiv verstärkt. Es wird gelernt und weiter ausgebaut.

Lernen am Modell

Das Lernen durch Beobachtung und Nachahmung eines Modells ist eine sehr häufige Art, wie Kinder lernen. Mit diesem Lernprinzip befasste sich der Lern- und Motivationsforscher Albert Bandura, der bei seinen Arbeiten der Frage nachging, wie Verhaltensweisen speziell im sprachlichen und sozialen Bereich erworben werden. Seiner Meinung nach erklärt das Modelllernen die schnelle und effiziente Übernahme von Verhaltensweisen in diesen Bereichen. Durch das Lernen am Modell können auch komplexe soziale Handlungen gelernt werden. Als Vorbilder können sowohl konkrete Personen wie auch Beispiele und Informationen aus Büchern oder Filmen dienen. Durch das Beobachten und Übernehmen von Verhaltensmustern anderer eignet man sich bei diesem Lernprozess neue Verhaltensweisen an oder verändert schon bestehende Verhaltensmuster.

Die Kinder orientieren sich bei dieser Art des Lernens daran, wie es die anderen machen, was ihnen vorgelebt wird, was allgemein üblich ist. Kinder lernen sehr viel auf diesem Weg. Deshalb sollten wir Erwachsene uns über unsere Modellfunktion bewusst sein. Die Art und Weise, wie wir handeln, wirkt richtungsweisend für unsere Kinder. Auch in dieser Form haben wir Verantwortung für die Zukunft.

In Untersuchungen über Aggression hat Albert Bandura Kindern einen Film vorgeführt, der Erwachsene zeigte, die sich gegenüber einer Katzenpuppe aggressiv verhielten. Die Kinder durften später zum Spielen in ein Zimmer, in dem es u.a. auch diese Katzenpuppe zum Spielen gab. Bandura fand heraus, dass die Kinder, die den Film mit den aggressiven Handlungen der Erwachsenen gesehen hatten, sich deutlich häufiger aggressiv gegenüber der Puppe verhielten als Kinder, die den Film nicht gesehen hatten.

Natürlich sind die Ursachen von aggressivem Verhalten komplex und von vielen Faktoren abhängig. Viele Kinder legen noch lange kein aggressives Verhalten an den Tag, auch wenn sie häufiger Gewaltdarstellungen im Fernsehen anschauen, denn es gibt viele Faktoren, die friedliches oder respektvolles Verhalten unterstützen. Hierzu gehört neben sicheren Bindungen beispielsweise die emotionale Kompetenz, die Klarheit über die eigenen Gefühle, das Wahrnehmen der Gefühle von anderen, die Fähigkeit zur Empathie sowie verbale und nonverbale Kommunikationsfähigkeiten beinhaltet. Dennoch ist das Beobachten von Erwachsenen, also potentiellen Modellen, die sich gewalttätig verhalten, ein Faktor, der zur Entstehung von vermehrter Gewalt beitragen kann (vgl. Spitzer 2002, S. 361ff.).

Das Modelllernen ist ebenfalls eine wesentliche Komponente, wenn es um Traditionsbildung geht. Die Übermittlung von Traditionen geschieht üblicherweise über das Vorleben: Wir sehen und erleben tagtäglich die Art des Umgangs miteinander, die Eigenart des Essens, die Musik, die Lieder,

Geschichten und andere kulturelle Bestandteile unseres regionalen oder nationalen Kulturkreises. Unsere Musik, unser Essen, unser Umgang miteinander ist gewohnt und vertraut, während beispielsweise afrikanisches Essen, der Umgang von Frauen und Männern in Afghanistan oder die Klänge von asiatischer Musik uns fremd, also unvertraut vorkommen, wenn wir nicht über Freunde, Reisen oder Kontakte in unserem Umfeld mit ihnen in Berührung gekommen sind.

Aber auch regional gibt es unterschiedlich prägende Einflüsse: Für viele Kinder in ländlichen, katholisch geprägten Regionen Deutschlands ist der sonntägliche Kirchenbesuch etwas Normales. Zumindest die Eltern oder Großeltern, vielleicht auch Nachbarn gehen noch häufig in die Kirche. In einer Großstadt wie Berlin ist ein regelmäßiger Kirchenbesuch keine allgemeine, sondern eher eine individuelle, von der Familie oder einer speziellen Gruppe getragene Erfahrung, die keineswegs der Norm entspricht. Normal ist dort eher, dass man sonntags länger schläft, sich dann zum Frühstück trifft oder gemeinsam einen Ausflug unternimmt.

Lernen durch Überlegung und Einsicht

Wenn ein Zusammenhang zwischen einem Problem und seiner Lösung hergestellt werden kann, spricht man von einem Lernen durch Einsicht. Es handelt sich dabei um eine hoch entwickelte Lernform, die verschiedene Denkprozesse beinhaltet. Eine komplizierte Situation muss durchschaut und analysiert werden. Als nächstes geht es darum, eine passende Lösung für das spezifische Problem zu finden, um das es gerade geht. Wenn es sich um ein sehr komplexes Problem handelt, müssen mehrere Lösungsschritte schon in der Vorstellung entworfen und bis zum Ende durchgespielt werden. Die Konsequenzen einzelner Handlungen müssen bedacht und im Bedarfsfall im Kopf verbessert werden. Als Beispiel dafür kann der Aufbau eines Regals dienen: Es ist möglich, ein Regal auf Anhieb in der richtigen Reihenfolge aufzubauen, indem die einzelnen Schritte vorher im Geiste schon durchgespielt und dabei eventuelle Fehler schon vorweggenommen werden.

Wenn ein Kind eine Eisenbahnparcours aufbauen möchte und dabei die Vorstellung hat, dass es zwei Brücken geben soll und vier Gleise im Lokschuppen enden, dann sind unter anderem diese Fähigkeiten gefragt.

Die verschiedenen Arten zu lernen treten oft in Kombination miteinander auf. In unserem Beispiel mit der Eisenbahn ist zu beobachten, dass Kinder einen Teil im Voraus überdenken, etwa die Gleise für die Brücke und den Bau der Brücke einzuplanen. Aber die verschiedenen Mündungen in den Lokschuppen sind noch nicht vorüberlegt, sondern werden erst einmal ausprobiert und durch Versuch und Irrtum sinnvoll oder bestmöglich angeordnet. Hier können neue überraschende Lösungen und Anordnungen entstehen, die vielleicht zu einem späteren Zeitpunkt als mögliche Lösungen in einen Bauplan mit eingebaut werden.

Lernen im Schlaf?

Im Wachzustand nimmt das Gehirn permanent Eindrücke auf und verarbeitet sie weiter. Während des Tiefschlafes finden dann zusätzliche Verarbeitungsschritte statt.

Die Aufnahme der Eindrücke erfolgt mittels eines Gehirnareales, das Hippokampus genannt wird. Man kann ihn mit einem flüchtigen Arbeitsspeicher vergleichen, der eine begrenzte Kapazität hat und nur vorläufig lernt.

Im Schlaf gibt der Hippokampus sein Wissen an einen anderen Bereich im Gehirn, den Kortex, weiter. Der Kortex speichert das Wissen langfristig, er ist unser Langzeitspeicher. Der Hippokampus ist also der Lehrer des Kortex (vgl. Spitzer 2002, S. 121 ff.).

Diese Verarbeitungsprozesse machen deutlich, warum es wichtig ist, ausreichend zu schlafen. Nur mit einem angemessenen Pensum an Schlaf kann der Hippokampus sein Wissen an den Kortex übermitteln und so für uns langfristig sicherstellen.

Wir lernen also im Schlaf! Das ist eine sehr entspannende Erkenntnis der Gehirnforschung. Sie macht unter anderem deutlich, warum es günstig ist, vor Prüfungen frühzeitig mit der Durchsicht des Lernstoffes zu beginnen und am besten mehrmals darüber zu schlafen. Für Kinder bedeutet diese Erkenntnis natürlich ebenfalls, dass ausreichender Schlaf nicht nur für die Aufnahme- und Konzentrationsfähigkeit wichtig ist, sondern darüber hinaus auch für die Verarbeitung und Langzeitspeicherung des bereits aufgenommenen Lernstoffes und damit für den Lernerfolg eine bedeutsame Komponente darstellt.

Übrigens: Wale, Delfine und Vögel können einseitig schlafen. Das heißt, sie können mit der einen Hälfte ihres Gehirnes schlafen und haben auf dieser Seite ihr Auge geschlossen, während die andere Gehirnhälfte wach und das dazugehörige Auge offen ist. In Verlauf der Schlafphase werden gelegentlich die Seiten gewechselt. Niedere Tiere schlafen nicht, der Schlaf ist erst im Laufe der Evolution entstanden (vgl. Spitzer 2002, S. 133 ff.).

Motivation

Was bringt einen Menschen eigentlich dazu, morgens das Bett zu verlassen?

Diese Frage wirft Salvatore Maddi, Professor an der Universität von Chicago auf, wenn er sich mit den Ursprüngen und Bedingungen von Motivation beschäftigt.

Es gibt vielfältige Gründe, zu einer Handlung motiviert zu sein und vielfältige Aspekte, die dabei genauer betrachtet werden können. Man kann positiv motiviert sein, also etwas tun, weil es interessant und mit guten Gefühlen verbunden ist oder weil vielleicht eine Belohnung winkt. Wenn man negativ motiviert ist, tut man etwas, weil man sonst möglicherweise bestraft wird, also bestimmte negative Konsequenzen drohen oder weil das schlechte Gewissen einen dazu treibt. Man kann stark oder schwach zu etwas motiviert sein oder aber sich gänzlich demotiviert fühlen, etwas Bestimmtes zu lernen oder zu tun.

Im weiten Feld der Motivationsforschung werden viele Komponenten untersucht, die die Motivation beeinflussen. Auf einige davon, wie beispielsweise Interesse, Zielorientierung, Selbstwirksamkeit, das emotionale Erleben während des Handlungsverlaufes und die Qualität der sozialen Beziehungen wollen wir in diesem und dem nächsten Kapitel näher eingehen, denn sie scheinen uns vor allem für die praktische Umsetzung im Zusammensein mit Kindern oder generell mit Lernenden besonders relevant. Manche Inhalte überschneiden sich in verschiedenen Ansätzen, insgesamt ergänzen sich aber die verschiedenen Perspektiven zu einem facettenreichen Bild von Motivation.

Intrinsische und extrinsische Motivation

Intrinsische Motivation bedeutet, dass man von innen heraus motiviert ist, dass man aus Freude an der Sache oder aus Interesse für ein bestimmtes Thema handelt. Die Quelle der Motivation ist hier unabhängig von äußeren Belohnungen und anderen Veranlassungen von außen. Typisches Beispiel für diese Art der Motivation ist das Neugierverhalten von Kleinkindern. Sie erforschen und entdecken ihre Umwelt aus sich heraus und untersuchen alles, was sie erreichen können, gründlich mit Händen, Mund, Augen und Ohren.

Motivation „von innen" ist häufig mit Wohlbefinden, Erfülltsein, Zufriedenheit, Aktivität und Freude am Lernen verbunden. Es handelt sich um eine positive Motivation, die zu hoher Lern- und Leistungsbereitschaft führt. Die intrinsisch motivierte Person ist interessiert, möchte etwas wissen, erfahren und verstehen, kurz, sie möchte etwas lernen und zeigt entsprechende Aktivitäten.

Ein Beispiel dazu: Max liebt das Wasser. Bei einem Spaziergang kommen er und sein Vater an eine Stelle, wo ein kleines Flüsschen in den Main fließt und es gibt dort viele große und kleine Steine. Max beginnt mit den Steinen einen Staudamm zu bauen. Sein Vater sieht seine Begeisterung und Konzentration für diese Tätigkeit und legt eine Rast am Flüsschen ein, um seinem Sohn das Bauen zu ermöglichen. Nach einer Weile betrachtet Max sein Werk. Die Staudammkonstruktion ist zwar nicht schlecht, aber sie staut nur einen Teil, es fließt immer noch viel Wasser an der Seite vorbei und durch Ritzen hindurch. Er fragt seinen Vater um Hilfe. Beide schauen sich die Konstruktion genau an und überlegen zusammen, weshalb das Wasser hindurch fließen kann und was man am Material oder an der Konstruktion ändern könnte. Max verbessert seinen Staudamm, indem er die Zwischenräume mit kleinen Ästen ausstopft und die Seiten verstärkt. Jetzt staut er viel besser, nur noch wenig Wasser rinnt hindurch.

Max ist zufrieden. Er hat sein Werk mit Erfolg beendet. Das Zutrauen in seine Fähigkeiten ist gestiegen. Er hat ein Problem gelöst und sein Vater hat ihn dabei unterstützt. Das eine wie das andere ist mit einem guten Gefühl verbunden. Und er hat viel gelernt: Über Material, über Konstruktionen und Gleichgewicht, über Strömungen und Kräfte.

Er verwendete dabei verschiedene Lernstrategien: Beim Bauen des Staudamms hat er teils einfach ausprobiert (Lernen durch Versuch und Irrtum) und teils geplant und aus bestehenden Problemen neue Lösungen entwickelt (Lernen durch Einsicht). Dabei ist er auch in Zusammenarbeit mit seinem Vater in kommunikativen und kooperativen Prozessen zu Ideen und Lösungen gelangt. Diese Lernerfahrungen fördern wiederum soziale Kompetenzen und Teamfähigkeit.

Bei der extrinsischen Motivation erfolgt ein Handlungsanreiz von außen, etwa durch eine Belohnung oder auch durch einen Zwang. Hier reicht die Skala von fremd gesetzten Zielen, zu deren Erreichung eine Person nur unter Zwang und ständiger Kontrolle motiviert werden kann, über das berühmte „schlechte Gewissen", das bekanntermaßen auch dann zu Handlungen motiviert, wenn es keinen rechten Spaß macht, bis hin zu fremden Zielen, mit denen sich eine Person identifiziert.

Bei einer weit reichenden Identifikation mit Zielen von außen können diese dann ebenfalls hoch motiviert und mit positiven Gefühlen und guten Ergebnissen verfolgt werden. Motivationen, die durch Zwang und negative Konsequenzen entstehen, führen zu Beeinträchtigungen des Wohlbefindens, zu Angst und zu Stress. Die Ergebnisse aus so motivierten Handlungen sind häufig wenig überzeugend, denn sie werden meist lieblos, oberflächlich und schnell nach dem Motto „Was ist der kürzeste Weg zum Ziel?" durchgeführt.

Ein typisches *Beispiel* dafür verdeutlicht die Situation von Stefanie: Stefanie soll ein Bild malen und hat keine Lust. Sie darf aber nicht eher aufstehen und schmiert lieblos ein Bild zusammen. Ergebnis: Das Bild ist fertig, es ist nicht besonders schön, sie hatte keine Lust, sie hatte keinen Zugang zu ihrer Kreativität, hat diesen auch nicht gesucht. Sie hat keine positive Erfahrung der Selbstwirksamkeit gemacht, sondern das Bild gemalt, weil ein Zwang von außen bestand.

Ergebnisse aus intrinsisch motivierten Lernvorgängen sind also meist qualitativ hochwertiger und werden besser im Gedächtnis verankert als bei extrinsisch motiviertem Lernen.

Im Alltag handelt man zumeist aus Kombinationen von intrinsischen und extrinsischen Motiven. Kinder müssen auch mit zunehmendem Alter in der Lage sein, von außen kommende Aufträge auszuführen, speziell in der Schule ist das eine Grundlage des Lernens. Wenn die Kinder die „fremden Aufträge" zu ihren machen können, also für sich darin Sinn und Interesse finden, erhöht das die Lernfreude und Motivation.

Die Ausführungen zu den Ergebnissen von innerer und äußerer Motivation machen deutlich, warum es sinnvoll ist, an die Interessen der Kinder anzuknüpfen bzw. zu versuchen, Interesse und Begeisterung für ein Thema zu wecken, um so einen hohen Anteil an intrinsischer Motivation bei den Kindern zu erreichen. Das Neugierverhalten, das von innen heraus motivierte Entdecken, ist bei Kindern noch sehr häufig anzutreffen. Es geht also auch darum, dass wir Erwachsene die Lernatmosphäre so gestalten, dass sie zum Erhalt dieses „von innen heraus motiviert seins" bei den Kindern beiträgt.

Interesse

Interesse an einem Thema oder Lerngegenstand beinhaltet zwei wichtige Komponenten:

Zum einen besitzt der Inhalt der Auseinandersetzung für die interessierte Person eine hohe subjektive Bedeutung.

Beispielsweise ist die Konstruktion von Brücken oder Türmen für Tom besonders interessant, weil sein Vater beruflich mit Konstruktionen und Bau beschäftigt ist. Aus Pappe, Karton und Tesafilm baut er die verschiedensten Bauwerke.

Bei Stefan sind es Autos, die ihn besonders interessieren. Sein Vater ist Automechaniker und Stefan war schon oft mit in der Werkstatt und hat dort selbst schrauben dürfen.

Elena hatte von Anfang an ein besonderes Interesse für Tiere. Sie will Tierforscherin werden und wird jedes Mal sehr aufmerksam, wenn es um

Tiere geht. Sie hört dann genau zu und saugt die Informationen wie ein Schwamm auf.

Zum anderen ist die Beschäftigung mit einem Thema, das einen Menschen sehr interessiert, überwiegend mit positiven Gefühlen verbunden. Eine angenehme Spannung und Freude sind dabei typische Empfindungen, die gespeichert und im Gedächtnis dem Gegenstand des Interesses zugeordnet werden. Das unterstützt natürlich die Motivation, sich dieser Sache auch in Zukunft zuzuwenden.

Wenn man sich mit etwas auseinandersetzt, dass einen interessiert, beschäftigt man sich mit etwas persönlich Bedeutsamen und erfährt gleichzeitig positive Gefühle. Beides unterstützt sowohl die persönliche Zufriedenheit wie auch die Lernergebnisse und damit den Lernerfolg.

Da der Aspekt der positiven Erfahrung beim Lernen schon im Kapitel „Lernen" und auch im nachfolgenden Kapitel „Emotionen" behandelt wird, soll er hier nur kurz erwähnt werden: Positive Erfahrungen beim Lernen führen zu Wohlbefinden, zu Erfolgen, zum Interesse am Thema, zu Selbstbewusstsein und zum Vertrauen in die eigenen Fähigkeiten. Das körpereigene Belohnungssystem „wird angeworfen". Alle diese Komponenten haben positive Auswirkungen auf die Motivation.

Ziele und Zielorientierung

Ziele als Wegweiser oder: Wie weiß man, dass man Erfolg hatte?

Ziele sind für Handlungen und Planungen das, was Hafen und Leuchttürme für Schiffe sind. Man braucht die Ziele, um das eigene Handeln ausrichten zu können. Wenn man keine Ziele als Anhaltspunkte hat, reagiert man überwiegend auf die aktuelle Situation, handelt unter Umständen ziellos oder zerstreut und ist sehr von äußeren Impulsen beeinflusst.

Übrigens ist der Wunsch, einmal nichts zu wollen und anzustreben, sondern nur auszuspannen und in den Tag hinein zu leben, ebenfalls schon ein Ziel, das Handlungen ausrichtet!

Wichtig für einen Erfolg und damit für eine positive Motivation ist die Größenordnung der Ziele. Wenn ich vom Lübecker Hafen zur Insel Bornholm fahren möchte, ist das in einem Tag möglich. Hiddensee und Rügen müssen umschippert werden, dort gibt es jeweils einen Leuchtturm, der mir den richtigen Weg weist, einen Teilerfolg markiert und verdeutlicht: „Ah, schon an Rügen vorbei, über die halbe Strecke schon geschafft."

Wenn ich aber von Lübeck aus nach Kapstadt fahren möchte, muss ich erst in die Nordsee, dann an der spanischen Küste entlang und um halb Afrika herum fahren, an vielen, vielen Leuchttürmen vorbei! Hier brauche ich dringend Teilziele, um zu wissen, ob ich auf dem richtigen Kurs bin und um meine Kräfte einzuteilen.

Zwischenerfolge sind wichtig, weil sie mich motivieren, die Fahrt fortzusetzen und mich weiter anzustrengen. Sonst kann es leicht passieren, dass ich das große Ziel aus den Augen verliere oder es mir so unerreichbar erscheint, dass ich die Fahrt lieber abbreche.

Auch Kinder brauchen klare Ziele, klar definierte Aufgaben, die so eingeteilt sind, dass sie diese erreichen und bewältigen können. Dann erleben sie Erfolge und entwickeln Zutrauen in die eigenen Fähigkeiten. Dabei ist es wichtig, die individuellen Fähigkeiten der Kinder zu beachten. Es kann sehr demotivierend und herabwürdigend für Kinder sein, wenn ihre Fähigkeiten unterschätzt und sie permanent unterfordert werden. Das kann sie auch veranlassen, ihre unterforderte Kreativität in anderes zu investieren, was sehr problematisch werden kann. Ein nicht zu unterschätzender Prozentsatz der Kinder, die den Unterricht in der Schule stören, sind unterfordert mit ihren Aufgaben. Sie schalten ab und machen etwas anderes, um sich die Langeweile zu vertreiben. Es kommt immer wieder vor, dass dann einige der Kinder den Anschluss an den Lernstoff verpassen und langfristig in eine wenig erfolgreiche Schullaufbahn hineingeraten.

Das ist ein Verlust für das Kind, das später ohne den entsprechenden Schulabschluss kaum Chancen hat, eine seinen Möglichkeiten entsprechende Beschäftigung zu finden. Es ist aber auch ein Verlust für das Potential einer Gesellschaft. Es ist also bedeutsam, die individuellen Fähigkeiten von Kindern einschätzen zu können und sie angemessen zu fördern.

Auch die übergeordnete Orientierung, in die Ziele tendieren, soll hier kurz beleuchtet werden, denn auch sie beeinflusset das Lernklima und langfristig die Lernergebnisse.

Zielorientierung

In der Forschung wird zwischen Lern- und Leistungszielen unterschieden. Bei Lernzielen geht es darum, Kompetenzen zu erwerben, etwas zu lernen, um es zu verstehen, zu können oder zu wissen. Bei Leistungszielen steht im Vordergrund, eine bestimmte Leistung unter Beweis zu stellen, um beispielsweise eine Belohnung zu erhalten oder im Vergleich besser als andere zu sein. Menschen mit Lernzielen unterscheiden sich von Menschen mit Leistungszielen nicht grundsätzlich in ihrem Leistungsvermögen. Erst bestimmte Erfahrungen wie Misserfolge oder Schwierigkeiten können zu Unterschieden führen. Wenn Menschen Lernziele anstreben, werden Schwierigkeiten zumeist als Herausforderungen verstanden. Diese Menschen erhöhen ihre Anstrengungen, um die Aufgabe zu bewältigen und gehen davon aus, dass die Situation zum Erwerb von neuen Kompetenzen führt. Personen, die Leistungsziele verfolgen, verbinden mit der Leistungssituation in erster Linie die Bewertung der eigenen Fähigkeiten. Schwierigkeiten werden gut bewältigt, wenn die eigenen Fähigkeiten als hoch eingeschätzt werden. Schätzen sie aber von vornherein ihre Fähigkeiten als gering ein, wirkt sich der Misserfolg selbstwertgefährdend aus. Er unterstützt und festigt die schon bestehende Annahme über die geringen eigenen Fä-

higkeiten. Die Herausforderung wird nicht bewältigt, es werden keine Anstrengungen zur weiteren Lösung unternommen, sondern sie wird eher abgebrochen und in Zukunft vermieden.

Es gibt auch Theorien darüber, womit die Entwicklung der Zielorientierung im Kindesalter im Zusammenhang stehen. Man nimmt an, dass Kinder, die glauben, dass Fähigkeiten (im Sinne von Intelligenz) veränderbar sind, eher Lernzielorientierungen ausbilden, während diejenigen, die Leistungszielorientierungen entwickeln, eher denken, dass Fähigkeiten festgelegt sind. Im Zusammensein mit Kindern kann ein Klima, in dem davon ausgegangen wird, dass man Fähigkeiten entwickeln kann, Kinder beim Lernen unterstützen und ihnen persönliche Sicherheit geben. Sie sind bei Misserfolgen dann nicht in ihrem Selbstwert bedroht, sondern können aus der Situation lernen.

Das Zutrauen in die eigenen Fähigkeiten, etwas bewirken zu können wird als Selbstwirksamkeit bezeichnet und soll noch etwas näher beleuchtet werden.

Selbstwirksamkeit

Die Selbstwirksamkeitserwartungen von Kindern, also das, was die Kinder glauben, was sie in einem bestimmten Bereich können, haben großen Einfluss auf die Lernmotivation und den Lernerfolg. Diese Erwartungen über die eigenen Fähigkeiten können einen großen Rahmen bilden, in dem man viel ausprobieren kann. Sie können aber auch enge Grenzen ziehen, über die sich ein Kind nicht hinaus wagt. Unser Beispiel von Tobias, der meint, er könne nicht malen, beschreibt eine solche Situation. Seine geringe Selbstwirksamkeitserwartung in Bezug auf das Gestalten mit Stift und Farbe motiviert ihn wenig, es weiter zu versuchen. Im Gegenteil, er vermeidet diese Aktivität nach Möglichkeit. Die Fähigkeiten in diesem Bereich werden nicht weiter ausgebildet. Es gibt eher Misserfolgs- als Erfolgserlebnisse und die Selbstwirksamkeitserwartung von Tobias in unserem Beispiel am Anfang des Buches sinkt immer weiter, gestalterische Aktivitäten traut er sich immer weniger zu. Das führt zu weiterer Demotivation.

Innerhalb der pädagogisch-psychologischen Motivationsforschung wird dem Konzept der Selbstwirksamkeit (Bandura 1977, 1984) eine hohe Erklärungskraft und auch eine hohe praktische Bedeutung zugesprochen. Eine hohe Selbstwirksamkeit beschreibt die subjektive Überzeugung, schwierige Aufgaben oder Probleme aufgrund der eigenen Kompetenzen bewältigen zu können. In verschiedenen empirischen Studien wurde der Zusammenhang von Selbstwirksamkeit, also der wahrgenommenen eigenen Fähigkeiten, und der Art und Weise, wie eine Person handelt, eindrucksvoll belegt (vergl. Kapp u. a. 2001). Natürlich gibt es darüber hinaus noch andere wichtige Einflussfaktoren in Bezug auf das Handeln.

Die Selbstwirksamkeitserwartungen können positiv unterstützt werden, in dem ein Rahmen für Erfolge geschaffen wird. Die „Aufgaben" oder Aktivitäten sollten so aufgebaut sein, dass es den Kindern möglich ist, sie zu bewältigen. Dabei ist es wichtig, dass sie auf den individuellen Stand der verschiedenen Fähigkeiten der Kinder angepasst werden. Die Kinder bei einer Bastelarbeit an einer schwierigen Stelle zu unterstützen, kann hilfreich sein, nicht aber, zu großen Teilen für das Kind zu basteln, damit das fertige Stück auch gleichmäßig und perfekt für die Eltern aussieht (die es häufig gar nicht so perfekt wollen und sofort sehen, wer es eigentlich gebastelt hat). Ein Kind für eine perfekte Bastelarbeit der Erzieherin zu loben, steigert nicht unbedingt das Selbstwirksamkeitserleben beim Kind. Lieber etwas krumm und schief, aber zu großen Teilen selbst gefertigt! Dann beziehen die Kinder ein Lob auch auf ihre Arbeit.

Wie das Beispiel zeigt, ist in vielen Aufgaben eine Norm bzw. ein Maßstab enthalten. Das ist grundsätzlich wichtig, denn ein Maßstab dient immer der Orientierung. Man hat aber als erwachsene Person, die die Situation gestaltet, immer die Freiheit, jeweils zu hinterfragen, ob ein übernommener Maßstab für die Situation tatsächlich „der Richtige" ist, d. h. ob er mit den eigenen Zielen übereinstimmt. Das bedeutet in Bezug auf unser Beispiel: Geht es eher darum, eine ordentliche Bastelarbeit an die Eltern abzuliefern oder geht es darum, dass die Kinder im Rahmen ihrer Möglichkeiten gestalten? Sollen sie Kompetenzen erwerben, hier zum Beispiel lernen, mit dem Material umzugehen oder sind die Bastelarbeiten für den Weihnachtsmarkt gedacht, wo sie verkauft werden sollen, um das schmale Kindergartenbudget aufzubessern? Im ersteren Fall scheint es für den Lernerfolg wichtiger, die Kinder das Material ausprobieren zu lassen und nur teilweise zu unterstützen, was das Ergebnis natürlich eher unvorhersehbar macht. Beim zweiten Fall kann es sinnvoll sein, früh einzugreifen oder nur Teilaufgaben zu vergeben und viel selbst zu machen, damit die für erwachsene Augen ansehnlicheren Ergebnisse sich gut auf dem Weihnachtsmarkt verkaufen.

Es lohnt sich, einen möglicherweise bisher nicht hinterfragten Maßstab zu reflektieren und anschließend neu zu bewerten, ob er für die Situation passend ist oder ob er verändert werden sollte.

Ein anderes Beispiel: Kinder können Geschenke wunderbar selbst einpacken. Sie sehen dann allerdings nicht so aus wie die ordentlich gepackten Pakete in der Werbung, sondern ganz anders. Aber dieses „anders" kann sehr kreativ und lustig sein, wagt man es erst mal, von der Norm des sauber verschnürten Päckchens abzuweichen.

Die Erfahrung, dass man etwas kann und das andere es einem zutrauen, stärkt die Selbstwirksamkeit und motiviert zu weiterem Lernen und Ausprobieren.

Wettbewerbsorientierung

In unserem Leben gibt es vielfach Situationen, die nach Prinzipien des Wettkampfes ausgerichtet sind. In diesen Situationen geht es darum, besser als andere zu sein, sich durchzusetzen und gegen andere zu gewinnen. Diese Orientierung findet sich in vielen herkömmlichen Spielen wieder. In ihnen sind sowohl Glück wie auch geschicktes und strategisches Vorgehen von Bedeutung.

Neben einem gewissen Ansporn sorgt der Wettkampf im Spiel für eine hohe Spannung. Nach Freya Pausewang hängt diese Spannung „mit Risiko, Angst und Angstbewältigung zusammen. Die Angst zu verlieren und das Verlieren zu vermeiden ist einer der Gründe für die Faszination. Jeder bemüht sich darum, die geforderte Leistung möglichst gut und geschickt auszuführen und alle im Rahmen der Spielregeln erlaubte Vorteile, wenn es sein muss – und das muss es oft – auf Kosten der anderen für sich zu nutzen" (1997, S. 177).

Hieraus ergibt sich ein Widerspruch, für den die Kinder eine Lösung finden müssen: Einerseits sollen sie sich durchsetzen, gute Leistungen bringen und besser sein als andere, denn in Wettbewerbssituationen ist der Maßstab der Vergleich mit anderen.

Auf der anderen Seite sollen sie im Kindergarten- oder Schulalltag nicht nur an sich, sondern auch an andere denken, sich in sie einfühlen und Rücksicht nehmen.

Konkurrenzspiele bieten also die Möglichkeit, innerhalb klar definierter Regeln eigene Durchsetzungswünsche auszuleben und für sie zu kämpfen. Aggressionen, Schadenfreude oder auch „Rache" sind im Rahmen der Regeln erlaubt und können im Spiel ausgedrückt werden. Ein typisches Beispiel hierfür ist das zumeist lustvolle „Rausschmeißen" beim „Mensch ärgere dich nicht".

Problematisch an Wettbewerbssituationen kann es sein, dass leistungsstarke Kinder immer wieder bestärkt werden, während sich für andere Kinder die Erfahrung zu verlieren ständig wiederholt. Die Erfahrung von Erfolg ist aber wichtig für das Vertrauen in die eigenen Fähigkeiten und damit für Lernfreude und Leistungsbereitschaft. Jedoch selbst die „Gewinner" gehen nicht unbeschadet aus solchen Konkurrenz-Situationen hervor, denn sie stehen oft auch isoliert einer Mehrzahl von „Verlierern" gegenüber. Was also tun?

Durch kleine Veränderungen der Spielregeln, durch Gruppenwettspiele anstelle von Einzelwettkämpfen und durch das Betonen der gemeinsamen Spielfreude lassen sich Spielangebote so gestalten, dass der Wettbewerbsgedanke etwas in den Hintergrund tritt, während die Gemeinsamkeit unterstrichen wird.

In Kooperationsspielen kann spielerisch geübt werden, sich gemeinsam für eine Sache einzusetzen. Die Prozesse, die hier bei den Kindern angesto-

ßen werden, haben dadurch eine gänzlich andere Richtung als in Wettbe-
werbsspielen und sie erwerben auf diese Weise grundlegende Fähigkeiten
der Teamarbeit.

Nicht Kooperation oder Wettkampf, sondern Kooperation und Wettkampf gehören zu unserem Alltag. Sinnvoll scheint es deshalb zu sein, als
Erwachsener zu reflektieren, welche Aspekte man mit den Kindern in den
Vordergrund bringt, sowohl durch die Spielgestaltung als auch durch das
eigene Vorbild. Dabei kann man sich folgende Fragen stellen:

- Welche Ziele verfolge ich mit dem Spielangebot?
- Was sollen die Kinder lernen bzw. erfahren?
- Wird der Schwerpunkt beim Spiel mehr auf die Qualität des Miteinan-
  ders oder auf das Gewinnen, das Erreichen eines bestimmten Ergebnis-
  ses gesetzt?
- Gibt es für Kinder, die häufiger verlieren, ausreichend andere Möglichkeiten, Erfolge zu erfahren?

Emotionen und Lernen

Wie wirken Gefühle?

Emotionen spielen beim Lernen eine wichtige Rolle. Kinder haben einen natürlichen Wissensdurst und sind – begleitet von positiven Gefühlen wie Neugier, Spannung oder Freude – von sich aus zum Lernen motiviert. Wie wir schon gesehen haben, ist auch das Gehirn dafür optimiert, in einem fort zu lernen. In vielen Fällen kann man bei Lernunlust oder Lernproblemen eher davon ausgehen, dass bestimmte Erfahrungen und mit ihnen verbundene Gefühle die Kinder davon abhalten oder sie demotivieren, etwas zu lernen. Dazu gehören beispielsweise Gefühle der Angst oder der Mutlosigkeit und eine negative Einstellung über eigene Lernfähigkeiten oder über das Lernen an sich.

Aber schauen wir uns das Thema Gefühle etwas genauer an.

In verschiedenen theoretischen Ansätzen werden die Begriffe „Emotion", „Gefühl", „Stimmung" oder „Affekt" jeweils mit teils ähnlicher, teils unterschiedlicher Bedeutung versehen, sie lassen sich also nicht einheitlich definieren oder klar gegeneinander abgrenzen. Wir verwenden hier die Worte „Emotion" und „Gefühl" synonym, also gleichbedeutend für all das, was wir spüren und empfinden können. Gefühle können neben ihrer thematischen Qualität wie beispielsweise Angst, Freude oder Zorn auch beschrieben werden in Bezug auf ihre Stärke, z. B. eine intensive oder schwache Ausprägung des Gefühls, und in

Bezug auf ihre Ladung, z. B. ein positives oder negatives Gefühl (vgl. Spitzer, S. 157).

Der mimische Ausdruck von bestimmten grundlegenden Emotionen der Wut, Furcht, Freude, Trauer, Enttäuschung, Interesse und der Ausdruck des Staunens wird zwischen verschiedenen Kulturen überall auf der Welt spontan verstanden und scheint weitgehend angeboren zu sein. Darüber hinaus werden die Ausdrucksweisen und Reaktionen zu vielen komplexeren Gefühlen individuell und soziokulturell vermittelt.

Gefühle bewerten Erfahrungen, Ereignisse, Situationen oder Menschen und verleihen ihnen eine bestimmte, subjektive Bedeutung. Sie haben einen kognitiven, einen qualitativ-gefühlsmäßigen und einen körperlichen Aspekt. Anders ausgedrückt gehören zu Gefühlen bestimmte Gedanken und Vorstellungen. Wenn wir uns traurig fühlen, denken wir andere Dinge und haben andere innere Bilder im Kopf als wenn wir freudig und voller Aufregung über eine Geburtstagseinladung nachdenken. Auch haben Gefühle eine bestimmte Qualität, wie oben schon beschrieben wurde, wir fühlen uns beispielsweise positiv oder negativ gestimmt. Alle diese Gefühle haben eine Auswirkung auf unseren Körper. Entsprechend der Gefühlslage werden bestimmte Stoffe in unserem Körper produziert und ausgeschüttet. Diese Botenstoffe vermitteln Informationen und bewirken Veränderungen innerhalb des Körpers, heftige Gefühle der Wut machen ihn beispielsweise bereit zu schneller und energischer Handlung. Das durch dieses Gefühl ausgestoßene Adrenalin versetzt den Körper in einen Zustand der Wachsamkeit und Aufmerksamkeit, das Blut schießt in die Hände und Füße und die Spannung und Bereitschaft zur Aktion ist hoch. Um dieses Adrenalin wieder abzubauen, benötigt der Körper einige Zeit. Diese Zusammenhänge von Gefühlen und körperlichen Reaktionen verdeutlichen, warum es oftmals hilfreich ist, Kindern Bewegungsmöglichkeiten nach heftigen Auseinandersetzungen oder Stresssituationen anzubieten. Der Körper kann dann das tun, wofür er gerade bereit ist, nämlich sich bewegen und agieren. Dadurch wird der Abbau der bereitgestellten Energie und der ausgeschütteten Botenstoffe unterstützt und die Kinder sind nach ausreichenden Bewegungsmöglichkeiten auch körperlich wieder in der Verfassung, sich konzentriert einer Sache zuzuwenden und etwas Ruhiges zu machen.

Bei starken Gefühlen der Trauer verlangsamt sich dagegen der Stoffwechsel des Körpers. Menschen möchten sich dann eher zurückziehen und wenig unternehmen. So schwierig dieser Rückzug für viele sein kann, so ist er doch auch sinnvoll, wenn ein erlittener Verlust verarbeitet werden muss. Das Leben geht nicht einfach weiter wie zuvor, sondern etwas Wesentliches muss verabschiedet werden, beispielsweise wenn Eltern sich trennen. Alles ist anders als vorher, der Alltag, die Beziehungen, vielleicht auch die Wohnsituation oder die finanzielle Lage, und sowohl die Kinder wie auch die Elternteile müssen sich neu orientieren. Ein solcher Prozess benötigt Energie und Zeit, die in Anhängigkeit davon variiert, ob die Trennung eher friedlich und einvernehmlich verläuft oder ob sie von heftigen Auseinandersetzungen und Kränkungen begleitet ist.

Im Gegensatz dazu gibt es durch das Erleben von Freude und durch Lachen im Körper Veränderungen, die ihn gleichzeitig entspannen und positiv aktivieren und die dabei helfen, Stress abzubauen. Lachen und positive Gefühle wirken also direkt positiv auf Gesundheit und Wohlbefinden ein und unterstützen darüber hinaus die Gemeinschaft. Humor ist eine wichtige soziale Fähigkeit, die in vielen Untersuchungen weit oben auf der Beliebtheitsskala rangiert.

Das Gefühl der Angst macht den Körper entweder angriffs- oder fluchtbereit oder lässt ihn sogar erstarren. Zu diesem Gefühl werden wir noch etwas ausführlicher im Zusammenhang mit Denk- und Gedächtnisleistungen kommen.

Die Wechselwirkung von Emotionen und körperlichen Abläufen führt uns noch einmal zu der schon zuvor beschriebenen Feststellung, dass der Aufbau des Gehirns und Lernaktivitäten Hand in Hand gehen. Die Ausformung des Gehirns steht also in enger Beziehung zu der vorhandenen Lernumgebung. Es ist leicht vorstellbar, welche Auswirkungen zu erwarten sind, wenn ein Kind unter ständiger emotionaler Belastung durch Unkalkulierbarkeit, Bedrohung oder Druck seitens der Umgebung aufwächst oder aber sich im Gegensatz dazu in einer liebevollen, fürsorglichen sowie Sicherheit und Orientierung bietenden Atmosphäre entwickeln kann. Auf diesen Zusammenhang bezieht sich auch der Neurobiologe Gerald Hüther von der Universität Göttingen. Er betont, dass es sich bei sicheren Beziehungs- und Orientierungsangeboten an

Kinder nicht um Kuschelpädagogik handelt. Es geht vielmehr darum, Kindern Geborgenheit und emotionale Sicherheit zu geben, „damit sie das hochkomplexe Verschaltungsmuster in ihrem frontalen Kortex auch ausbilden können. Druck und psychische Belastung verhindern ebenso wie Mangel an Anregungen und geeigneten Vorbildern, dass diese hochkomplexen Aktivierungsmuster im Frontalhirn geknüpft und stabilisiert werden" (Hüther 2003, S. 19).

Dass liebevoller Körperkontakt mit Kindern die Vernetzung von Neuronen im Gehirn fördert, stellten amerikanische Forscher in ihren Messungen fest (vgl. Liebertz 2004, S. 38). Schmusen fördert also nicht nur das Wohlbefinden, sondern auch das Lernen. Körperkontakt und gegenseitiges Kraulen haben eine entspannende Wirkung, denn neben der angenehmen Gemeinsamkeit wird unter anderem auch die Endorphinproduktion stimuliert. „Lachen regt ebenfalls die Endorphinproduktion an und wirkt entspannend, stressabbauend und schmerzlindernd. Mit dem Lachen wird es den Menschen ermöglicht, auf Distanz zu kraulen" (Scheunpflug 1999, S. 109).

Emotionen und Gedächtnis

Emotionen haben einen großen Einfluss auf die Gedächtnisleistung. Diese sorgt zu einem beträchtlichen Teil für den Lernerfolg, wenn es gelingt, möglichst viel des Gelernten im Langzeitgedächtnis zu verankern und bei Bedarf abrufen zu können.

Der Hirnforscher Antonio Damasio spricht davon, dass Wahrnehmungen und Erfahrungen emotional markiert werden, also auf diese Weise ausgewählt und als bedeutsam bewertet werden. Eine höhere emotionale Beteiligung in einer Situation kann dazu führen, dass wir bestimmte Dinge besser behalten. So ist es leicht möglich, sich an das Urlaubslied aus dem letzten Sommer zu erinnern, bei dem wir uns so fröhlich und lebendig gefühlt haben oder einzelne Szenen aus einem früher gelesenen Lieblingsbuch immer noch in Details vor Augen zu haben.

Untersuchungen darüber, ob die Gefühlslage einen Einfluss auf den Lernerfolg hat, kamen zu folgenden Ergebnissen (Roth 2001, S. 276):

Grundsätzlich werden Inhalte umso besser erinnert, je deutlicher sie von Emotionen begleitet werden. Allerdings gibt es Ausnahmen. Emotionen dürfen nicht zu stark sein, sonst behindern sie den Erinnerungserfolg. Emotional überwältigende Erlebnisse trüben die Gedächtnisleistungen, darauf werden wir an späterer Stelle noch einmal zurückkommen.

Positive Inhalte werden besser erinnert als negative. Auch episodisch-autobiographische Inhalte werden besser erinnert als pures Faktenwissen. Auf diese Erkenntnis bezieht sich Manfred Spitzer, wenn er das Erzählen von Geschichten als geeignete Lehrform hervorhebt: „Was den Menschen umtreibt, sind nicht Fakten und Daten, sondern Gefühle, Geschichten und vor allem andere Menschen" (Spitzer 2002, S. 160).

Im Zusammenhang mit spektakulären Ereignissen gibt es das so genannte „Blitzlicht-Gedächtnis", das einen bestimmten Moment mit vielen Details in der Erinnerung festhält, ihn quasi in das Gedächtnis „einbrennt".

Begeisterung

Die Begeisterungsfähigkeit der lehrenden oder betreuenden Person übt einen großen Einfluss auf die Begeisterung und das Interesse des Kindes aus. Erlebt es das Lernen am Modell des Erwachsenen als spannend und interessant, wird es sich in vielen Fällen selbst für das Thema begeistern oder zumindest erwärmen lassen. Es wird von den positiven Gefühlen „angesteckt" oder „mitgerissen" und nähert sich dem Gegenstand der Neugierde unter diesem positiven Blickwinkel, was es alles Interessantes zu erfahren gibt. Auch ist dann die ungeteilte Aufmerksamkeit auf ein Thema gerichtet, was ebenfalls ein für das Lernen wichtiger

Aspekt ist, da besonders die aufmerksame Beschäftigung nachhaltiges Lernen ermöglicht.

Der Magdeburger Hirnforscher Henning Scheich unterstreicht in verschiedener Hinsicht die Bedeutung der Begeisterungsfähigkeit für den Lernprozess. Er betont, „dass Lehrer ihre Schüler begeistern müssen. Vorbilder sind für das noch unfertige Gehirn als Orientierung enorm wichtig. Und auch Begeisterung wirkt disziplinierend – man will es dem Vorbild ja recht machen" (Scheich 2002, S. 77).

Ein anderer wichtiger Ansatzpunkt für erfolgreiches Lernen ist die Verknüpfung des neuen Themas mit persönlichen Bezugspunkten des Kindes. Die Interessen der Kinder zu kennen und bei ihnen anzusetzen bewirkt, dass die Kinder innerlich beteiligt sind, sich intensiver für das Neue interessieren und davon berührt sind. Durch diese „Spannung des Dabeiseins" und die damit verbundene Aufmerksamkeit ist wiederum die Lernleistung groß und damit auch die Wahrscheinlichkeit von Erfolgserlebnissen. Das Anknüpfen an bestehende Interessen ist verbunden mit positiven Selbstwert- und Kompetenzerfahrungen der Kinder, die wiederum in einem positiven Kreislauf verstärkt werden. Hinzu gesellt sich häufig die Erfahrung, dass Lernen leicht ist, was eine grundsätzlich positive Einstellung zum Lernen unterstützt.

Angst

Angst hemmt kreative Prozesse. Man reagiert unter Angst in einem sehr reduzierten Modus.

In dem Moment, wo das Gehirn eine Situation als Gefahr bewertet, kommt es zu einem Hormonausstoß von Adrenalin und Noradrenalin. Der Körper begibt sich auf ein Hochleistungsniveau, der Blutdruck erhöht sich, Fett- und Zuckerreserven werden mobilisiert und die Aktivierung von Neuronenverbindungen im Gehirn wird unterbunden, denn langes Nachdenken und Abwägen ist in Gefahrensituationen kontraproduktiv (Scheunpflug 2001, S. 105). Jetzt geht es eher darum, sich schnell aus dieser Situation herauszubringen, der Körper ist bereit zur Flucht oder zur Abwehr. Angst wirkt also nicht nur auf den Körper, sondern auch auf den

Geist. „Kommt der Löwe von links, läuft man nach rechts. Wer in dieser Situation lange fackelt, kreative Problemlösungsstrategien entwirft oder gar die Dinge erst mal auf sich wirken lässt, lebt nicht lange" (Spitzer 2002, S. 164).

In früheren Zeiten war diese körperliche Reaktion sehr hilfreich, sie entspricht aber in unserer technisierten Gesellschaft kaum noch den Bedingungen der Situation. Heute ist es zumeist erforderlich, eine Stresssituation durch Nachdenken und strategisches Handeln aufzulösen und nicht durch ein Angriffs- oder Fluchtverhalten.

Starke Angst- und Depressionszustände wirken wie eine Erinnerungsblockade. Neurologen sprechen von einer emotional bedingten Amnesie, in der Psychoanalyse beschreibt man einen solchen Vorgang als Verdrängung.

Andererseits graben sich bei extremer Angst die Ereignisse tief ins Gehirn ein und es kann zu einer posttraumatischen Belastungsstörung kommen, bei der bestimmte Erlebnisse nicht vergessen werden können. Plötzlich und unvermittelt stehen sehr real erscheinende Erinnerungen einer schrecklichen Situation wieder vor Augen. Solche Ausdrucksformen der starken Angst lassen sich z. B. bei Flüchtlingskindern aus Kriegsgebieten beobachten, die einerseits von sich sagen, dass sie keine Probleme haben, aber andererseits jede Nacht schreiend aus dem Schlaf hochschrecken und viel Zuwendung und Sicherheit brauchen, um sich wieder zu beruhigen.

Manfred Spitzer beschreibt das Verhältnis von Angst und Lernen als kompliziert: „Große Angst bewirkt zwar rasches Lernen, ist jedoch kognitiven Prozessen insgesamt nicht förderlich und verhindert zudem genau das, was beim Lernen erreicht werden soll: Es geht nicht um ein einzelnes Faktum, sondern um die Verknüpfung des neu zu Lernenden mit bereits bekannten Inhalten und um die Anwendung des Gelernten auf viele Situationen und Beispiele" (Spitzer 2002, S. 161).

Auch Furcht und Unbehagen vor einer neutralen Sache kann gelernt werden. Bei von Angst geleitetem Lernen prägen sich zu dem Inhalt auch die unangenehmen Gefühle ein.

So kann sich Angst vor dem Lernen an sich oder auch vor dem Lernen bestimmter Inhalte aufgrund von Misserfolgen und Bloßstellungen entwickeln, die dann wiederum dazu führt, dass Kinder schlechtere Lernleistungen zeigen und Lernsituationen meiden. Auf diese Weise kann ein Kreislauf des Misserfolgs und der Angst in Bezug auf Lernen entstehen.

Allerdings können Erlebnisse, die mit Gefühlen von Angst verbunden sind, durch positive Erfahrungen neutralisiert werden, wenn die positive Erfahrung möglichst bald neben das angstauslösende Erlebnis gestellt wird. Ein klassisches Beispiel ist die bekannte Praxis beim Reiten: Wer vom Pferd fällt, so die Devise, soll gleich wieder aufsteigen und weiter reiten, um eben keine Angst zu entwickeln. Auf diese Weise gibt es die Chance, dass die Bedeutung einer Angsterfahrung verändert wird. Sie bewirkt keine Blockade, sondern ist nur eine unter vielen verschiedenen Erfahrungen. Die Wahrscheinlichkeit ist groß, dass die positive Erfahrung langfristig gespeichert wird, denn man hat sich noch einmal der Situation gestellt und sie anders bewältigt.

Erfolge und Misserfolge: Sind Fehler Misserfolge?

Nach dem erfolgreichen Bestehen einer Prüfung und nach gewonnenen Sportturnieren wurden bei Probanden ein Anstieg der Testosteronwerte gemessen, während diese Werte nach einer sportlichen Niederlage oder beim Nichtbestehen einer Prüfung etwas absanken. Die im Vergleich zu vorher erhöhten Testosteronwerte stehen im Zusammenhang mit positiven Gefühlen und fördern die Bereitschaft, wieder eine solche Aufgabe anzugehen. Eine Anstrengung, die in eine erfolgreiche Bewältigung der Situation mündet, führt zu Befriedigung und der Bereitschaft, sich erneut anzustrengen.

Wenn jedoch am Ende ein Misserfolg steht, ist das Gefühl wenig befriedigend und die Motivation gering, eine ähnliche Aufgabe von neuem anzugehen. Die gesunkenen Testosteronwerte spiegeln ebenfalls diese Gefühlslage wieder (vgl. Scheunpflug 2001, S. 107).

Wenn Fehler als Misserfolg verstanden werden, werden sie auf diese Weise negativ bewertet. Daher ist es wichtig, eine bestimmte „Fehlerkultur" zu entwickeln, in der Fehler als Informationen und Hinweise und nicht als Misserfolg interpretiert werden. Von Fehlern kann man immer etwas lernen, sie zeigen einem, wo etwas verbessert werden kann. Aber natürlich müssen auch mit dieser Haltung ausreichend Erfolgserlebnisse erfahren werden, um diese konstruktive Denkweise langfristig beizubehalten.

Einstellungen

Einstellungen sind gebündelte Gedanken und Gefühle zu einem bestimmten Thema. Einstellungen werden erlernt. Sie entstehen im Verlauf der Sozialisation, d. h. sie entwickeln sich in der Auseinandersetzung des Menschen mit seinen sozialen und kulturellen Umweltbedingungen. Für die Einstellung in Bezug zum Lernen und zu den eigenen Lernfähigkeiten sind als Erstes die Vorbilder bedeutsam, die durch ihre Haltung zum Thema „Lernen" ein Modell geben, an dem sich Kinder orientieren und das sie nachahmen. Als Zweites ist es sehr bestimmend, was ein Kind über sich oder das Lernen in der direkten Interaktion mit anderen erfährt.

Eine Einstellung sich selbst gegenüber, die besagt, dass man etwas nicht kann, nicht schafft, zu dumm ist, immer das Falsche tut und ähnlich Abwertendes, macht Lernen schwierig und positive Lernerfahrungen unwahrscheinlicher. Wie in der Aufzählung schon deutlich wird, sind diese Erfahrungen häufig Bewertungen von anderen, die man beispielsweise über sich gehört und dann als wahr befunden und internalisiert hat. Diese Einstellung verhindert es, leicht lernen zu können, was bei einer positiven Haltung sich selbst und den eigenen Fähigkeiten gegenüber eine ganz natürliche Sache ist. Es besteht die Gefahr, dass ein Teufelskreis in Gang kommt, in dem mehr und mehr negative und weniger positive Erfahrungen in Bezug auf das Lernen gemacht werden. Die bisherigen negativen Erfahrungen werden permanent als wahr bestätigt und es wird zunehmend schwieriger, gegenteilige Erfahrungen zu erleben. Langfristig entwickelt der Mensch so tatsächlich weniger Kompetenzen, was dann wiederum den Erwerb von weiteren, auf Vorwissen aufbauenden Fähigkeiten verhindern kann.

Ein weiterer wichtiger Punkt ist die Einstellung dem Lernen gegenüber. Findet man Lernen interessant und erwartet für sich selbst einen Zugewinn, kommt es häufiger zur Ausschüttung des Belohnungssystems, d. h. man macht wiederum mit Lernen positive, für sich selbst zufrieden stellende oder gewinnbringende Erfahrungen und freut sich, wenn es Möglichkeiten gibt, wieder etwas Neues zu lernen. Verursacht das Lernen häufiger negative Gefühle wie eigene Unzulänglichkeit, Misserfolg, Ohnmacht, Unkontrollierbarkeit, dann entwickelt sich eher eine generalisiert ablehnende Haltung dem Lernen gegenüber.

Ebenfalls kann es Ablehnung erzeugen, wenn Dinge gelernt werden sollen, zu denen man keinen Bezug hat, die einen langweilen, Dinge, die nicht verbunden mit der eigenen Lebenswelt sind und in ihr keinen Sinn machen, aber von außen gefordert werden. Hier gehen eigene Ziele mit denen derjenigen auseinander, die über die Lerninhalte bestimmen. Kinder sind beispielsweise von sich aus erfahrungsgemäß weniger motiviert, „gute" Tischsitten zu lernen, während sie viel Engagement darauf verwenden können, wie man Fäden richtig zu einem Freundschaftsbändchen zusammenknüpft oder wie sie die lockere coole Körperhaltung einnehmen können, die zum Skateboardfahren dazugehört.

Aber auch sehr viel abstraktere Inhalte, die auf den ersten Blick nicht viel mit dem Leben des Kindes zu tun haben, z. B. die Landung des Marsmobils auf dem roten Planeten, können sehr interessant für die Kinder sein. Wie schon beschrieben sind hier die Begeisterung eines Erwachsenen oder auch die eines anderen Kindes ausschlaggebend dafür, dass ein Engagement für ein Thema entsteht.

Im Hinblick auf die Kinder, mit denen man (privat oder beruflich) derzeit zu tun hat, lohnt es sich, folgenden Fragen einmal nachzugehen:
- Welche Erfahrungen machen die Kinder mit Lernen?
- Was denken sie über sich und ihre Fähigkeiten?
- Was hören sie von anderen über sich?
- Was könnte ihnen dabei helfen, eine eigene positive innere Stimme zu entwickeln, eine Stimme, die ihnen Mut macht, ihnen gut zuredet, sie ermuntert und so ein Lernumfeld schafft, das Lernen begünstigt?

Lernklima – Lernatmosphäre

Die Lernatmosphäre ist unter anderem durch die Beziehung zwischen den an der Situation Beteiligten geprägt. Jeder kann es aus eigener Erfahrung bestätigen, wenn er (oder sie) sich beispielsweise an die Schulzeit erinnert:

Wenn man den Lehrer oder die Lehrerin mochte, interessierte man sich auch für das Fach, es war leicht, sich etwas zu merken und hatte mit anstrengendem Büffeln wenig zu tun.

Die Beziehung ist eine bedeutsame Komponente beim Lernen. Sie steht im Zusammenhang mit Begeisterung, Neugier, Interesse, mit Wohlfühlen, Bestätigung, Anerkennung und Lernerfolg.

Ein für mich nachhaltiges Beispiel dafür ist mein Versuch, Auto fahren zu lernen und den Führerschein zu machen. Nachdem ich das erste Mal durch die praktische Prüfung gefallen war, bestand ich darauf, den Fahrlehrer zu wechseln, denn ich vermutete, dass es sonst auch beim zweiten Mal nicht klappen könnte. Mein bisheriger Fahrlehrer hatte erstens ein ziemliches Vorurteil gegenüber Frauen und zweitens war es offensichtlich, dass er seinen Job nicht mochte. Er empfand es als Zumutung, mit

noch ungeübten Fahrern den ganzen Tag herumzufahren. Ich war unsicher im Straßenverkehr, es gab viel Verschiedenes gleichzeitig zu lernen
und zu beachten. Zudem hatte ich in dieser für mich wenig stabilen Situation jemanden neben mir, der mich laut oder leise ständig kritisierte, der
mich abwertete, mir keine positive Bestätigung gab und dem ich und die
ganze Situation offensichtlich auf die Nerven ging. Wenn man sich einer
Sache oder des eigenen Könnens sicher ist, ist es auch schon schwer und
energieraubend, eine solche negative Beziehung auszugleichen. Aber in einem Augenblick, in dem man selbst verunsichert ist, hat man neben dem
Balancieren dieser Stimmung kaum noch Kapazitäten übrig, um etwas
Neues zu lernen. Übrigens auch nicht den Wunsch, den einzigen Antrieb,
den man dann meistens hat – diese Situation so schnell wie möglich zu
verlassen.

Der neue Fahrlehrer war jedoch nett und unterstützend und ich konnte
mich darauf konzentrieren, Auto fahren zu lernen.

Was hat diese Geschichte jetzt aber mit Kindern zu tun? Wenn wir dieses Beispiel auf Kinder und ihr Umfeld übertragen, wird deutlich, in welch
hohem Maße sie von der Atmosphäre und der Haltung, mit der man ihnen
begegnet, beeinflusst werden. Sie brauchen Menschen, die sie unterstützen
und an ihre Fähigkeiten glauben, unabhängig davon, ob sie schneller oder
langsamer lernen. Für Lernfreude und Lernerfolg ist es wichtig und bedeut-

sam, eine sichere Umgebung für Kinder zu schaffen. Eine Umgebung, in der sie Neues lernen und ihre Fähigkeiten ausprobieren können mit dem Vertrauen auf eine emotionale Basis, auf deren Grundlage dann eine konstruktive Auseinandersetzung mit Kritik und Fehlern möglich ist.

Emotionales Lernen

Der Begriff „Emotionales Lernen" wird für zwei unterschiedliche Lernbereiche benutzt.

Zum einen meint er emotionales Lernen als nachhaltiges Lernen von bestimmten Inhalten oder Wissen in einem bestimmten Fachbereich, das durch die Verknüpfung mit Emotionen zu einer tiefer verankerten Erfahrung wird. Emotionales Lernen als Methode, um Fachwissen eindrücklicher im Gedächtnis zu verankern, könnte beispielsweise die sinnlich erfahrbare Ausgestaltung eines Lernstoffes sein

(Thema „Wasser": heißes und kaltes Wasser zum Fühlen, Wasser zum Trinken, das Prasseln der Dusche auf der Haut, das leichte Körpergefühl im Wasser ...)

oder die Verbindung eines Themas mit persönlichen autobiographischen Erfahrungen

(Thema „Beruf" bzw. „Veränderungen in der Arbeitswelt": Welche Berufe gibt es in deiner Familie? Was arbeiteten die Groß- und Urgroßeltern? Welche Berufe haben die Nachbarn?).

Auch die Verknüpfung bestimmter inhaltlicher Themen mit Begeisterung und Neugier gehört hierher.

Die zweite Bedeutung des Begriffes „Emotionales Lernen" bezieht sich auf die Tatsache, dass Emotionen und Umgangmöglichkeiten mit ihnen gelernt werden müssen, bezieht sich also auf den Bereich des Lernens über Emotionen. Hier geht es um die Herausbildung einer emotionalen Kompetenz, also um die Entwicklung eines kompetenten Umgangs mit Gefühlen bei sich selbst und im Zusammensein mit anderen.

Die emotionale Kompetenz umfasst dabei folgende Fertigkeiten (vgl. Saarni, 2002):

- Gefühle bei sich selbst wahrnehmen und einordnen können;
- Gefühle mimisch, gestisch und sprachlich ausdrücken können;
- den Gefühlsausdruck bei anderen Menschen erkennen;
- sich in andere hineinversetzen und ihre Lage nachvollziehen können – diese Fähigkeit wird auch als Empathie bezeichnet;
- das innere Erleben und den äußeren Ausdruck eines Gefühls unterscheiden können;
- Gefühle selbstgesteuert regulieren können und mit negativen Emotionen und Stress umgehen können;
- wissen, dass Beziehungen in hohem Maße davon beeinflusst sind, wie Gefühle in ihnen kommuniziert werden;
- emotionale Selbstwirksamkeit empfinden.

Emotionen und Lernen

Laut Untersuchungen von Petermann & Wiedebusch (2003) geht eine hohe emotionale Kompetenz mit einer positiven schulischen Entwicklung einher. Umgekehrt stellt eine geringere emotionale Kompetenz einen Risikofaktor für schlechtere schulische Leistungen, Verhaltensauffälligkeiten und Suchtverhalten dar. Auch sind in diesem Zusammenhang vermehrt zwischenmenschliche Schwierigkeiten zu beobachten. Emotional wenig kompetente Kinder sind in der Regel meist unbeliebter und verhalten sich aggressiver, während emotional kompetente Kinder beliebter und weniger aggressiv im Sozialkontakt sind.

In unserer heutigen Welt mit den vielen und schnellen Veränderungen wird den Menschen ständig emotionale Kompetenz abverlangt (vgl. von Salisch 2002). Flexibilität und vielfältige Lebensformen sind hier die Schlagworte, die zunehmend das Arbeits- und Privatleben bestimmen. Emotionale Wechselspiele müssen in den Familien bewältigt werden, darauf weisen u. a. die hohen Scheidungsraten und der Begriff der Patchworkfamilien hin. Diese gesellschaftlichen Bedingungen machen ein permanentes Ausbalancieren von Emotionen nötig

Es gibt viele Möglichkeiten, die emotionale Kompetenz gezielt bei Kindern zu fördern und als Wegbegleiter die Kinder dabei zu unterstützen, sich in den vielfältigen Gefühlswelten zurechtzufinden (vgl. Liebertz 2004, Pfeffer 2002, 2004a, 2004b).

Im Praxisteil dieses Buches finden Sie für beide Formen des emotionalen Lernens verschiedene Übungen und Spiele.

Wann wird Lernen zum Problem?

Wie wir gesehen haben, sind Menschen natürlicherweise zum Lernen motiviert und empfinden Freude und Befriedigung dabei. Aber es gibt auch viele Kinder und Erwachsene, die oft keine Lust auf Lernen haben und für die damit viele negative Gefühle verbunden sind. Unter welchen Umständen wird Lernen also zum Problem?

Einiges von dem, was hier als problematisch angeführt wird, wurde in den vorangegangenen Kapiteln schon erwähnt. Es soll hier der Vollständigkeit und Übersichtlichkeit trotzdem noch einmal kurz zusammengefasst werden.

Zu viele negative Erfahrungen

Wenn viele negative Erfahrungen in Lernsituationen gesammelt werden, die nicht durch entsprechende positive Erfahrungen neutralisiert werden konnten, verdichten sie sich mehr und mehr zu einer negativen Einstellung zum Lernen und in Bezug auf die eigenen Lernfähigkeiten. Anstelle des Vertrauens in die Selbstwirksamkeit wird so die Überzeugung des eigenen Unvermögens genährt. Geht man mit dieser Haltung an eine neue Aufgabe heran, ist es wiederum sehr schwierig, sie zu lösen. Man kann nicht alle Energie für die Problemlösung einsetzen, sondern benötigt viel Kraft, sich zu motivieren und gegen die eigene Überzeugung, es sowieso nicht zu können, zu argumentieren.

Zu hohe oder weit entfernte Ziele

Zu hohe Ziele haben zur Folge, dass Erfolgserlebnisse selten und schwer zu erreichen sind. Eine große Anstrengung ist dafür nötig. Oft werden zu hoch gesetzte Ziele so erlebt, dass es nicht mehr in eigener Kontrolle erscheint, sie umzusetzen und zu erreichen. Durch fehlende Zwischenschritte geht die Orientierung verloren und es ist unsicher, ob man die Ziele erreicht oder nicht. Das Gefühl der Selbstwirksamkeit wird auf diese Weise nicht unterstützt, sondern eher untergraben.

Zu seltene Erfolgserlebnisse

Auch in diesem Fall kann sich das Selbstvertrauen in Bezug auf Lernen nicht gut entwickeln. Ohne die nötigen Erfolgserlebnisse ist es schwierig, eine Sicherheit über die eigenen Fähigkeiten aufzubauen.

Niedriges Selbstwertgefühl

Alle genannten Aspekte haben Auswirkungen auf das Selbstwertgefühl. Ein Kind, dass sich selbst übermäßig in Frage stellt und nicht an die eigenen Fähigkeit glaubt, verhält sich Neuem gegenüber anders als ein Kind mit einem stabilen Selbstwert. Während ersteres eher zurückhaltend reagiert und versucht, sich in einem bekannten Rahmen zu sichern, ist das selbstsichere Kind in neuen Situationen eher neugierig und aufgeschlossen. Im Gegensatz zu dem unsicheren Kind hat es seine Aufmerksamkeit vorwiegend darauf gerichtet, was es zu entdecken gibt. Aufmerksamkeit ist ein wichtiger Faktor für das Lernergebnis und allein schon daraus erklärt sich, warum das selbstsichere Kind in einer neuen Situation viel mehr lernt und aufnehmen kann als das unsichere Kind.

Das Kind ist anderweitig beschäftigt

Wenn ein Kind mit anderen, möglicherweise belastenden Dingen konfrontiert ist, die es intensiv beschäftigen, kann seine Lernleistung stark beeinträchtigt sein. Das Interesse am Lernstoff ist dann gering, denn es gibt für das Kind aktuell wichtigere Dinge. Zudem sind die Aufnahmekapazitäten eingeschränkt, es sind sozusagen derzeit alle Leitungen belegt. Beispiele hierfür können zum einen familiäre Probleme wie eine akute Trennungssituation der Eltern, Überlastung der Eltern oder die Verantwortung des Kindes für ein oder mehrere jüngere Geschwister sein. Eine andere Art der Beanspruchung entsteht durch Probleme in der Gleichaltrigengruppe etwa im Kindergarten oder der Schule, wo man vielleicht keinen klaren Stand hat, oft kämpfen oder sich verteidigen muss oder auch eine Clown- oder Quatschmacherrolle übernimmt, um wichtig zu sein und dazuzugehören.

Mangelnde Konzentrationsfähigkeit

Erst die Konzentration auf eine Sache oder einen Inhalt führt zu der notwendigen Aufmerksamkeit und Bereitschaft, den Lernstoff aufzunehmen, zu durchdringen und zu speichern. Das Konzentrationsvermögen kann durch verschiedene Dinge beeinträchtigt sein. Wie zuvor beschrieben kann ein Kind sich in einer emotional sehr herausfordernden Situation befinden. Es kann aber auch einer permanenten Reizüberflutung ausgesetzt sein oder sehr durchlässige Grenzen haben und dabei schlecht auswählen können. Möglicherweise wurde auch von ihm bisher zu selten eine längere Konzentration auf eine Sache gefordert.

Unstrukturierte Abläufe

Bei unstrukturierten Abläufen und fehlender Routine im Leben eines Kindes zu Hause oder im Rahmen der Betreuung und des Unterrichts können ebenfalls Schwierigkeiten auftreten. Kinder haben dann weniger die Möglichkeit, neue Inhalte zu bereits Bekanntem zuzuordnen, sind orientierungslos und finden keine verlässlichen Bezugspunkte.

Unterforderung

Auch zu wenig Herausforderung trägt dazu bei, Interesse und Aufmerksamkeit der Kinder zu untergraben. Sie fühlen sich unterfordert, gelegentlich auch nicht respektiert und sind gelangweilt. Sie verlieren ihre Neugier und wenden sich möglicherweise anderen Dingen zu oder entwickeln Ideen, die dann wenig erwünscht sind und z. B. die Gruppe stören.

Wie kann Lernen mit Freude gelingen?

Neben den für das Lernen problematischen Bedingungen lassen sich auch förderliche Bedingungen zusammenfassend formulieren.

Die folgenden Aspekte sind besonders wichtig für den Erhalt der Lernfreude, für Lernerfolg und Motivation:

– Erreichbare Ziele
– Erfolgserfahrungen
– Mit Misserfolgen umgehen können (wieder aufs Pferd)
– Haltung, dass man aus Fehlern lernen kann
– Konstruktiver Umgang mit Emotionen
– Emotional ausgeglichene Lage
– Interesse
– Aufmerksamkeit
– Selbstwirksamkeit
– Herausforderungen, die man bewältigen kann
– Begeisterungsfähigkeit bei Vorbildern
– Klarer Rahmen (Regeln und Struktur) im Umfeld
– Unterstützung und Zutrauen von Seiten Anderer

Der nun anschließende praktische Teil enthält Spiele und Übungen, die diese verschiedenen Aspekte fördern. Sie sollen dazu anregen, spielerisch die Lernfreude und Motivation zu unterstützen.

PRAXISANREGUNGEN ZUM AUFBAU VON LERNFREUDE UND MOTIVATION

Alle Übungen und Spiele im Praxisteil sind in einer bestimmten Reihenfolge dargestellt: Zunächst erfahren Sie, welche pädagogischen *Schwerpunkte bzw. Ziele* ein einzelnes Angebot hat. Dann wird unter den *Voraussetzungen* beschrieben, welche situativen Aspekte Sie berücksichtigen müssen und welche Materialien Sie benötigen. An die Beschreibung des *Spiel- oder Übungsablaufs* schließt sich ein *Hinweis* an, welche weiteren Einsatzmöglichkeiten für das Angebot bestehen, worauf Sie bei der Durchführung besonders achten müssen oder welche Querverbindungen zu anderen Lerninhalten bestehen. Die abschließende *Hintergrund*-Information soll Sie bei der Reflexion über den Gehalt der Aufgabe unterstützen.

Der Auswahl von Übungen sollte jedoch eine Beobachtungsphase vorangehen. Dadurch haben Sie die Möglichkeit, gezielt Informationen über die Gruppe oder über einzelne Kinder in Bezug auf bestimmte Themen zu sammeln. Im Anschluss daran können Sie eine Wahl treffen, die den individuellen Entwicklungsstand und die aktuelle Situation der Kinder berücksichtigt.

Themen für Kinder

Wünsche und Ziele

Bei den nun folgenden Übungen und Spielen steht das Finden und Setzen von Zielen im Vordergrund. Ziele sollen so definiert werden, dass sie klar und erreichbar sind. Bei umfassenden Zielen ist die Unterteilung in Teilschritte wichtig. Wünsche können allgemeiner und weniger konkret sein. Sie bilden eine Grundlage, aus der erreichbare Ziele entwickelt werden können.

Triff den Korb

- Ziele setzen
- Lernen in Teilschritten
- Erfolgskontrolle

Voraussetzungen:

Einen großen Korb, einen handlichen Wurfball, Kreide.

Auf eine Fläche am Boden wird mit der Kreide eine Linie gezogen. Auf ihr werden ein Abwurfpunkt und mehrere Stationen in verschiedenen Entfernungen markiert. Zu Beginn des Spiels steht der Korb auf dem markierten Punkt, der dem Abwurfpunkt am nächsten ist.

Spielablauf:

Das Kind stellt sich am Abwurfpunkt auf und versucht, mit dem Ball in den Korb zu treffen. Wenn es getroffen hat, darf es den Korb einen Platz weiter schieben. Das Kind versucht wieder, den Ball in den jetzt etwas weiter entfernten Korb zu treffen und fährt so fort, bis es alle Stationen geschafft hat.

Hinweis:

Der Spielaufbau kann von einem einzelnen Kind quasi als Trainingsparcours genutzt werden, in dem es für sich das Werfen übt und versucht, den Korb möglichst weit entfernt noch zu treffen.

Mit mehreren Kindern kann man gemeinsam spielen. Jedes Kind hat 3 Würfe, dann ist das nächste an der Reihe. In der folgenden Runde spielt man mit dem Korb weiter, den man noch nicht geschafft hat.

Hintergrund:

Es gibt ein klar markiertes Ziel, zu dem mehrere Teilschritte führen, die auch jeweils ein Teilziel darstellen. Es wird ein Teilziel nach dem anderen erreicht. Jedes Mal gibt es einen kleinen Erfolg und nach und nach wird das große Ziel erreicht. Das ist eine grundlegende Lernstrategie, die mit erreichbaren Teilzielen zum Erfolg führt. Die Übung schult ebenfalls die Konzentration und Körperkoordination.

Boule

- Spielerisch die Bedeutung und Funktion von Zielen erfassen
- Metapher für Ziele und zielorientiertes Handeln

Voraussetzungen:
Ein oder mehrere Boulespiele für zwei, drei oder vier Mitspieler, ein „Schweinchen" (die kleine Kugel, die von den großen Kugeln getroffen werden soll).

Spielablauf:

Ein Spieler wirft das Schweinchen. Reihum versuchen die Spieler, das Schweinchen mit ihren Kugeln zu treffen oder zumindest in die Nähe des Schweinchens zu kommen.

Jeder Spieler hat insgesamt zwei Würfe, jeweils einen in einer Runde. Am Schluss der zweiten Runde hat derjenige gewonnen, dessen Kugeln dem Schweinchen am Nächsten liegen.

Hinweis:
Auch das Umgehen mit Misserfolg und mit Störungen durch andere ist hier spielerisch enthalten.

Wünsche und Ziele

Hintergrund:
Dieses alt bekannte Spiel, das in Frankreich oft auf Straßen und Plätzen gespielt wird, ist eine gute Metapher für Ziele. Man muss ein Ziel definieren
(das Schweinchen) und versuchen, dem Ziel so nah wie möglich zu kommen. Dafür muss das Ziel immer wieder ins Auge gefasst werden, es ist
Konzentration nötig und auch einiges an Können (Schweinchen anpeilen
und mit der eigenen Kugel in seine Richtung werfen). Gelegentlich kommen einem andere ins Gehege und man muss einen neuen Versuch wagen.
Dieses Spiel eignet sich gut, um Kindern die Bedeutung und Funktion von
Zielen zu erklären, z. B. wenn man Monatsziele besprechen möchte.

Wünschefee

■ **Positive Formulierung eigener Wünsche unterstützen**
■ **Positive Ergebnisorientierung aufbauen**

Voraussetzungen:
Eventuell eine passende Geschichte zum Thema „Fee und Wünsche" vorlesen,
Farbstifte und Malpapier.

Übungsablauf:
Einführung in das Thema „Wünsche": Bei dieser Übung geht es nicht darum, sich Spielzeug oder ähnliche Konsumgüter zu wünschen, sondern um
bestimmte Aktivitäten oder Erlebnisse, die man gerne erfahren möchte.

Die Kinder malen eine Fee z. B. an den linken Rand ihres Blattes, so dass
noch Platz für weitere „Wunschbilder" bleibt. Dann fragen Sie die Kinder:
Was würdet ihr euch von der Fee wünschen?

Die Kinder dürfen einen kleinen Moment genau überlegen, was sie der
Fee als Antwort sagen möchten. Anschließend sollte reihum erzählt werden, was sich die Kinder wünschen würden. Im weiteren Verlauf dürfen
die Kinder ihren Wunsch groß und deutlich neben die Fee auf das Papier
malen – so deutlich, dass auch die Fee wirklich alles erfährt. Hängen Sie
zum Abschluss die Bilder gemeinsam auf.

Hinweis:
Oft ist es hilfreich, weitere Fragevariationen zu verwenden, z. B.:
- Worüber würdest du dich freuen?
- Was wäre schön für dich?
- Was würdest du gerne können?
- Was würdest du gerne lernen?

Wichtig ist es, darauf zu achten, dass die Wünsche eine positive Aussage beinhalten. Helfen Sie daher dem Kind, seine Wünsche positiv zu formulieren.

Hintergrund:
Auch bei Kindern kann der Erwartungs- und Wunschfokus je nach familiärem Hintergrund sehr negativ ausgerichtet sein. Wünsche werden dann überwiegend negativ formuliert („Ich wünsch mir, dass ich nicht mehr hinfalle beim Rad fahren ...", „... dass Stefan aufhören soll, mich zu ärgern", „... dass ich nicht mehr so schlecht male ..."). Hier braucht das Kind Unterstützung, dass es seine positive Erwartungshaltung nicht verliert. Aus den negativ formulierten Wünschen können positive Ziele entwickelt werden.

Wenn in einem Übermaß Vermeidungsstrategien ausgebildet werden, fehlt der Mut und die Zuversicht, etwas Neues zu wagen und sich Herausforderungen zu stellen, bei denen man viel lernen könnte. Für die Lernlust braucht es eine positive Ergebnisorientierung.

Wünschesonne

- Eigene Wünsche und Bedürfnisse differenzieren
- Positive Ergebnisorientierung aufbauen
- Bedürfnisse von anderen wahrnehmen

Voraussetzungen:
Einführung des Themas „Wünsche": Ein bestimmtes Thema auswählen, wie z. B. „Wohlfühlen in der Gruppe", „Freunde" oder „Mut – sich etwas trauen"; Farbstifte und Malpapier (ggf. mit großer aufgemalter Sonne).

Ablauf:

Je nach Material malen die Kinder eine große Sonne auf einen Bogen Papier. Die Fragen können dem Thema entsprechend formuliert werden, z. B. beim Thema „Freunde":

- Was ist dir wichtig mit Freunden?
- Was wünschst du dir von deinen Freunden?
- Was macht dir mit Freunden Spaß?
- Was wäre schön in dem Zusammenhang?
- usw.

Die Kinder haben Zeit, einen Moment genau überlegen, was ihnen hier wirklich wichtig ist.

Die Kinder erzählen reihum, was sich die Kinder zu dem Thema wünschen.

Dann dürfen die Kinder ihre Wünsche groß und deutlich um ihre Wünschesonne herum malen.

In einem zweiten Schritt kann gemeinsam überlegt werden, wie die Kinder dazu beitragen können, dass die Wünsche sich erfüllen.

Hinweis:
Wichtig ist es auch bei dieser Übung, darauf zu achten, dass die Wünsche eher eine positive Aussage beinhalten bzw. dem Kind geholfen wird, seine Wünsche entsprechend zu formulieren.

Hintergrund:
Hier steht wieder das zielorientierte Denken im Vordergrund. Die Fragen führen dazu, dass gewünschte Ziele und Ergebnisse formuliert und konkretisiert werden. Die Kinder denken darüber nach, was ihnen in Bezug auf das Thema wichtig ist und kommen so zu einer differenzierteren Wahrnehmung ihrer Bedürfnisse.

Erfolgskrokodil

- **Positive Ergebnisorientierung**
- **Motivation**
- **Selbstwirksamkeit und Eigenkontrolle**

Voraussetzungen:
Schnur oder Band, Buntstift, Papier, Wäscheklammern, Pinsel und Farbe, kleine Bilder von Lieblingsfrüchten der Kinder (z. B. kopiert und zum Ausmalen und Ausschneiden), Wunschliste der Kinder (siehe auch Übung „Wünschesonne" oder „Wünschefee").

Ablauf:
Jedes Kind bastelt sich ein Krokodil und ein Kletterband. Eine Wäscheklammer wird als Krokodil angemalt und ein Namensschild oder evtl. ein Bild des Kindes darauf geklebt, z. B. so als ob das Kind als Reiter auf dem Rücken des Krokodils sitzt. Am Band bzw. an der Schnur werden in Abständen die Bilder vom Lieblingsobst befestigt, am unteren Ende des Seils ein Startknoten angebracht.

Jedes Kind malt einen wichtigen Wunsch von seiner Liste als kleines Bildsymbol.
 Das Wunschbild wird oben am Kletterband angebracht.

Sie können dann mit den Kindern jeweils herausarbeiten, was alles zum Erreichen des Wunsches beitragen kann.

Immer wenn das Kind etwas in Richtung Wunsch „erfolgversprechend" unternommen hat, oder ein bestimmtes Verhalten gezeigt hat, darf das Krokodil in eine neue Frucht hineinbeißen, das Krokodil wird also auf der nächsten Frucht festgeklammert.

Wichtig ist, dass das Kind selbst den eigenen Fortschritt bewertet und selbst die Klammer versetzt. Die Kriterien sollten zuvor dafür besprochen werden.

Wenn ein Kind mit dem Krokodil sein Wunschbild erreicht, gibt es ein kleines Krokodilfest.

Hinweis:
Je nach Gruppe können die Aktivitäten auch auf zwei Tage verteilt werden. An einem Tag wird das Krokodil und das Kletterband (noch ohne Wunschbild) gestaltet. Am folgenden Tag ist für den Wunsch und seine verschiedenen Teilschritte Zeit.

Hintergrund:
Schritt für Schritt kommt man zu einem großen Erfolg. Teilschritte zählen ebenfalls als Erfolge. Lernen kann als Prozess begriffen werden, zu dem man selbst viel beitragen kann und das sich an einem Ziel orientiert. Dadurch wird die Entwicklung einer positive Leistungsmotivation und einer Orientierung des Kindes am positiven Ergebnis unterstützt.

Was möchte ich von dir lernen?
- **Stärken und Fähigkeiten anderer anerkennen**
- **Eigene Ziele formulieren**
- **Positive Rückmeldung von anderen**

Voraussetzungen:
Diese Übung kann als zweite Runde an eine Runde „Was kannst du gut?" angeschlossen werden oder auch für sich alleine durchgeführt werden,

wenn sich die Kinder schon einige Zeit kennen. Weitere Voraussetzungen: eine kleinere Gruppe Kinder (4–10); ein ruhiger Platz, an dem man sich gemütlich zusammensetzen kann;
ein kleines Kissen.

Übungsablauf:
Ein Kind nimmt als erstes das Kissen. Es darf einfach nur zuhören, während die anderen überlegen, was sie gerne von ihm lernen würden und ihm dies dann sagen.

Dann bekommt das nächste Kind das Kissen und darf wieder zuhören, was die anderen von ihm lernen möchten.

Hintergrund:
Diese Übung fördert das Selbstbewusstein der Kinder. Es unterstützt auch das Gefühl der Gleichwertigkeit untereinander, denn jeder hat und kann etwas, das andere noch lernen können. Die Aufmerksamkeit wird auf positive Aspekte der anderen gelenkt. Diese Haltung stärkt die Gemeinschaft und hilft ebenfalls, eigene Ziele zu formulieren.

Erfolge

Die Anregungen sollen dazu beitragen, Erfolge wahrzunehmen, neue Erfolgserlebnisse zu ermöglichen und Erfolge in der Vergangenheit zu erinnern und bewusst zu machen. Erfolge sind ein wichtiger Baustein des Lernens, denn sie steigern das Zutrauen in die eigenen Fähigkeiten und zeigen Stationen im Lernprozess an.

„Ich-kanns"-Kette

- ▣ **Das eigene Können erfahren**
- ▣ **Mut und Selbstvertrauen stärken**
- ▣ **Erfolge der Vergangenheit bewusst machen**

Voraussetzungen:
Viele verschiedene Perlen; Schnur, mit der man die Perlen gut auffädeln kann; Nadeln.

Übungsablauf:
Zuerst dürfen die Kinder die bereitgestellten Perlen begutachten. Dann bekommt jedes Kind eine Schnur.

Einleitung:
„Jeder von uns hat bestimmte Dinge schon gelernt in seinem Leben, viele davon ganz leicht und fast ohne es zu merken. Heute wollen wir diese Dinge einmal sammeln und eine ‚Ich-kann's-Kette' daraus machen, eine Kette, die uns immer daran erinnert, was wir schon alles können und gelernt haben."

Anschließend werden verschiedenste Lernbereiche nacheinander durchgegangen. Immer, wenn ein Kind zu einem Beispiel für sich sagen kann, ja, das kann ich, das hab ich gelernt, nimmt es eine dazu passende Perle und fädelt sie auf die Kette. Die Kinder sollen genug Zeit haben, sich den Erfolg zu vergegenwärtigen und in Ruhe eine Perle dazu auszusuchen.

Beispiele für Lernbereiche:
„Jeder von uns hat laufen gelernt.

Ihr könnt klettern, hopsen, rutschen, Ball werfen, Ball fangen, Schlitten fahren, Fahrrad fahren, Mama oder Papa eine Freude machen (Wisst ihr wie? ... Seht ihr, ihr habt es gelernt!), ihr könnt sprechen, singen, euch lustige Dinge ausdenken, malen, beim Kochen helfen, Lego bauen, hohe Türme errichten ...“

Wenn die Kinder nicht auch von selbst Beispiele bringen, was sie alles können und gelernt haben, fragen Sie sie auch danach. Oft erzählen die Kinder detaillierte, sehr wichtige Begebenheiten.

Hinweis:

Helfen sie am Ende der Sammlung von „Ich-kann's-Erlebnissen“ die entstandenen Ketten zusammenzubinden, entweder als Schmuckkette oder als Hosentaschenkette zum Einstecken und Anfassen, je nach dem, was die Kinder bevorzugen. Alle fertigen Ketten werden gemeinsam bewundert. Überlegen Sie mit den Kindern, wo jeder seine Kette tragen oder aufbewahren möchte.

Geben sie noch einmal den Hinweis, dass diese Kette das Kind daran erinnert, was es alles kann und das es all das häufig ganz leicht gelernt hat.

Hintergrund:

Die Kinder nehmen wahr, was sie in ihrem Leben schon alles gelernt haben. Es wird für sie deutlich, dass sie schon vieles gelernt haben, meist leicht und ohne viel Mühe. Vergegenwärtigt durch die vielen Beispiele auf der Kette stärkt dieses Wissen die Sicherheit, dass sie auch in Zukunft leicht lernen können, denn es ist ihnen auch vorher schon oft gelungen. Sie entwickeln Mut und Vertrauen in ihre Fähigkeiten.

Kombi-Tablett

- Erfolgserlebnisse ermöglichen
- Selbstwirksamkeit steigern
- Formen und Größen vergleichen

Voraussetzungen:

Tabletts zusammenstellen, auf denen verschiedene Gegenstände eindeutig als Paare gefunden und verbunden werden müssen, z.B. Gläser und entsprechende Schraubdeckel oder Schrauben mit den passenden Muttern in verschiedenen Größen.

Übungsablauf:

Das Kind bekommt ein „Kombi-Tablett" und darf es sich an einem ruhigen Platz bequem machen, um die verschiedenen Paare zu finden. Als Regel ist hier wichtig, dass andere Kinder sich nicht einmischen, sondern das Kind vor dem Tablett Raum und Zeit hat, die Aufgabe allein zu lösen und auszuprobieren, welche Teile zusammenpassen.

Hinweis:

Die Art und Menge der Paare jeweils auf das spezielle Kind abstimmen, so dass es die Aufgabe gut bewältigen kann, aber auch nicht unterfordert ist. In Absprache mit dem Kind kann dann der Schwierigkeitsgrad gesteigert werden, indem bei einem nächsten Versuch mehr Paare oder kleinere Teile auf das Tablett gelegt werden.

Hintergrund:

In einem klaren Rahmen, der durch das Tablett und die Art und Anzahl der Paare auf ihm definiert ist, kann das Kind spielerisch und selbstständig eine Aufgabe lösen. Es gibt ein Endergebnis (alle Paare sind zusammen) und viele Teilergebnisse (einen passenden Deckel zu einem Glas, eine passende Mutter zu einer Schraube). Jedes erreichte Teilergebnis empfindet das Kind als einen Erfolg. Der Spielaufbau macht es möglich, dass das Kind Schritt für Schritt seinen eigenen Erfolg wahrnehmen und kontrollieren kann. Gleichzeitig werden Koordination und bei kleinen Teilen wie Schrauben besonders die Feinmotorik gefördert.

Was kannst du gut?

- ■ **Selbstbewusstsein stärken**
- ■ **Fähigkeiten bewusst machen**
- ■ **Gegenseitige Unterstützung**

Voraussetzungen:
Eine kleinere Gruppe Kinder (4–10);
ein ruhiger Platz, an dem man sich gemütlich zusammensetzen kann;
ein kleines Kissen.

Übungsablauf:
Ein Kind nimmt als erstes das Kissen. Es darf einfach nur zuhören, während die anderen mindestens 5 Dinge sagen, die es gut kann, z. B. gut Ball spielen, klettern, ein guter Freund oder eine gute Freundin sein, tolle Lego-Landschaften bauen, gut witzige Geschichten erzählen usw.

Dann bekommt das nächste Kind das Kissen und darf wieder zuhören, was es gut kann.

Hinweis:
Die Aussagen der Kinder sollten positiv formuliert sein. Hier können Sie vielleicht helfen, wenn es einmal nötig sein sollte,

z. B. indem Sie die Aussage „Schön, dass bei dir nicht alles so schnell und hektisch ist" erweitern auf „Schön, dass es bei dir so ruhig und gemütlich ist".

Hintergrund:
Durch das „Feedback" wird verbal ausgedrückt, was das Kind alles kann. Die Kinder üben, positive Rückmeldungen zu geben bzw. sie anzunehmen, wenn sie gerade das Kissen haben. Sie hören die Einschätzung, die andere über sie haben, d. h. sie lernen die Fremdwahrnehmung über sich kennen. Auch stehen sie eine Zeit lang im Mittelpunkt positiver Aufmerksamkeit, etwas, das manche Kinder dringend einmal brauchen und andere wiederum lernen müssen auszuhalten. Sie machen die Erfahrung, ein Teil einer Gruppe zu sein und erleben Gemeinschaft.

Mut-Taler

- Mut-Erlebnisse erinnern
- Selbstbewusstsein stärken
- Emotionale Ressourcen bewusst machen

Voraussetzungen:
Viele verschiedene Knöpfe, Gummifaden, Nadeln (die Übung ist eine Variation der „Ich-kanns-Kette" in Bezug auf Mut).

Übungsablauf:
Setzen Sie sich zu einem gemütlichen Gesprächskreis mit den Kindern zusammen. Erzählen Sie ein paar Beispiele, wo sie selbst oder andere Kinder und Erwachsene mutig waren. Fordern Sie dann die Kinder auf, sich an Situationen zu erinnern, in denen sie selbst mutig waren. Bitten Sie die Kinder, einige dieser Erlebnisse zu erzählen.

Anschließend sollen sich die Kinder von ihren erinnerten Mutsituationen drei Situationen aussuchen, die ihnen am besten gefallen. Für jede dieser Situationen suchen sie sich einen Knopf aus. Sie fädeln die Knöpfe auf ein Gummiband. Dieses Band können sie überall dort befestigen, wo sie es gerne dabei haben und sich an ihren Mut erinnern möchten.

Hinweis:
Wenn es in der Situation passend ist, können sich die Kinder in kleinen Gruppen noch einmal ihre Ketten zeigen und die Geschichten zu den Knöpfen erzählen.

Hintergrund:
Die Kinder erinnern sich an Situationen, in denen sie mutig waren. Sie verbinden sich mit ihren Fähigkeiten und ihrer Kraft, die sie in bestimmten Situationen schon einmal erfahren haben. Das stärkt ihr Selbstbewusstsein und ihre Sicherheit, Situationen mutig angehen zu können.

Erfolgsspion

- Ziele klar definieren
- Erfolge wahrnehmen
- Sich gegenseitig aus einem positiven Blickwinkel betrachten und unterstützen

Voraussetzungen:
Für Kinder ab dem Vorschulalter;
begrenzte Anzahlzahl der Kinder in einer „Spiongruppe" (maximal 8–10).

Spielablauf:
Besprechen Sie mit den Kindern, welches Ziel sie sich jeweils für die nächste Zeit, z. B. einen Monat, vornehmen, was sie in dieser Zeit gerne verbessern, lernen oder erreichen wollen. Das Ziel muss klar definiert und für das Kind erreichbar sein, also im Rahmen seiner Möglichkeiten liegen. Das Ziel jeweils eines Kindes soll auch für die anderen Kinder der „Spiongruppe" klar und verständlich sein, denn diese müssen das erreichte Ziel wahrnehmen und erkennen können. Für Angela, das Kind in unserem unten angeführten Beispiel, sind die anderen Kinder der Gruppe die Erfolgsspione, sie haben die Aufgabe, genau auszuspionieren, wann Angela erfolgreich war oder wann es tendenziell in die erwünschte Richtung ging, sie also fast erfolgreich war.

Beispiel: Angela möchte beim Ballspielen den Ball häufiger fangen und ihn dann auch festhalten. Denn jetzt ist es noch oft so, dass er ihr nach dem Fangen gleich wieder aus den Händen springt. Die anderen Kinder wissen also, dass Angela erfolgreich war, wenn sie den Ball gefangen und festgehalten hat und dass es in diese Richtung ging, wenn es fast geklappt hat. Sie achten also auf solche Momente bei Angela und berichten davon in den Besprechungsrunden.

Jedes Kind in der Gruppe legt sich für diesen Zeitraum auf ein Ziel fest, ist also gleichzeitig Erfolgsspion bei anderen und verfolgt auch selbst ein Ziel.

Themen für Kinder

Hinweis:

Vereinbaren Sie regelmäßige Besprechungen (ein- oder zweimal die Woche) während der Spionprojektphase, beispielsweise über einen Monat hinweg. In diesen Besprechungen sammeln Sie gemeinsam mit den Kindern die Erfolge ein. Die Kinder berichten von den Erfolgen, die sie bei den anderen beobachtet haben.

Hintergrund:

Zum einen wird ein Ziel klar ausgewählt und verfolgt, zum anderen richtet sich die Aufmerksamkeit der Kinder auf Erfolge, auf Dinge, die gelingen oder fast gelingen und nicht auf das, was nicht klappt. Das gibt es zwar auch, ist aber nicht wichtig in dieser Anordnung. Es gehört dazu, bekommt aber, entgegen der sonstigen Gewohnheit, viel nach Fehlern zu schauen, hier keine Aufmerksamkeit. Wenn Menschen bei anderen Menschen überwiegend die gelingenden Momente wahrnehmen, wirkt das unterstützend, es fördert den Selbstwert und die Gemeinschaft.

Misserfolge, Fehler und Herausforderungen

Misserfolge und Fehler werden hier als normale Erfahrung auf dem Weg zu erfolgreicheren Situationen verstanden. Zu neuem Lernen gehören Fehlversuche, die bewältigt werden müssen. Natürlich machen sie manchmal traurig oder ärgerlich. Leichter und konstruktiver ist es, wenn sie mehr und mehr als Herausforderung gesehen werden können.

Puzzlefest
- **Durch Fehlversuche zum Ziel**
- **Weiter probieren, wenn etwas nicht passt**
- **Fehler sind hier normal und zu erwarten**

Voraussetzungen:
Puzzles mit so vielen Teilen, dass die Kinder sie lösen können, aber dafür einige Zeit ausprobieren müssen; etwas zum Feiern (Eis, Gummibärchen, Salzstangen o.ä.), wenn alle Puzzles fertig sind.

Spielablauf:

Die Puzzles sind an verschiedenen Tischen aufgebaut, so dass jeweils einige Kinder gemeinsam ein Puzzle zusammensetzen können. Ziel ist es, am Ende alle Puzzles zusammengesetzt zu haben.

Betonen Sie den Aspekt, dass es jedes Mal auch ein Erfolg ist, wenn etwas nicht passt, weil die Kinder dann wissen, dass sie es an einer anderen Stelle weiterprobieren müssen, um den richtigen Platz zu finden. Die Kinder, die schon fertig sind, können den anderen, die noch puzzeln, helfen – aber nur, wenn diese auch Hilfe möchten.

Am Ende wird der gemeinsame Erfolg gefeiert.

Hinweis:

Heben Sie beim Feiern der fertigen Puzzles heraus, dass man Dinge ausprobieren kann und es dazugehört, dass auf dem Weg vieles nicht klappt. Gerade dadurch kommt man am Ende zum Ziel, weil man durch die Fehler lernt, was zusammenpasst und was nicht.

Das Beispiel vom Puzzeln können Sie an anderer Stelle anführen, wenn sie bei den Kindern in Erinnerung rufen möchten, dass Fehler und Misserfolge im Leben dazu gehören. Sie können dabei helfen, ein Ziel zu erreichen.

Hintergrund:

Fehler sind Informationen. Fehler führen dann zum Ziel, wenn man weiter nach der richtigen Lösung sucht. Fehler und Misserfolge gehören einfach dazu, sie zeigen, was nicht passt und geben so eine wichtige Information, um ein Ziel zu erreichen. Sie sind dann kein Problem, wenn man keine negativen Gefühle mit ihnen verbindet, sondern durch sie eher motiviert wird, nach anderen Lösungen zu suchen.

Peter und die Kletterstange

- ▪ **Herausforderung annehmen**
- ▪ **Sich auf das eigene Ziel konzentrieren**
- ▪ **Misserfolge als Schritte auf dem Weg sehen**

Voraussetzungen:

Die *Geschichte* von Peter und der Kletterstange:

Peter steht vor dem Klettergerüst und starrt die Stange an. Er hebt den Kopf und legt ihn in den Nacken. Sooo weit geht die Stange nach oben. Er möchte so gerne an ihr hochklettern bis ganz nach oben. Aber vorhin hat er es nicht geschafft. Er ist auf halber Höhe hängen geblieben und nicht weitergekommen. Wie ein Mehlsack hat er sich gefühlt, so schwer und unten haben ein paar Kinder gelacht. Als sich Peter daran erinnert, hat er ein richtig flaues Gefühl im Bauch. Schrill klingt ihm das Lachen im Ohr. Aber dann wird er auch wütend. Er will diese Kletterstange hochklettern. Anton hat es doch auch geschafft, er hat ihm neulich dabei zugesehen. Also geht es doch, es ist möglich. Dann kann er es auch schaffen. Nur weil ein paar andere Kinder lachen, lässt er sich noch lange nicht davon abhalten. Sollen die doch selbst erst einmal versuchen hochzuklettern. Darüber zu lachen, wenn jemand etwas nicht schafft, ist doch keine Kunst, das kann jeder!!

Peter reibt die Hände und sagt sich: „Ich versuche es noch einmal, und wenn es nicht klappt, dann noch mal, so leicht lasse ich nicht locker." Zentimeter für Zentimeter schiebt er sich nach oben. Die Hälfte hat er schon, etwas mehr als die Hälfte. Aber er spürt schon das Ziehen in seinen Armen. Ob seine Kraft ausreicht? Vielleicht sollte er etwas mehr mit den Füssen nachhelfen? Peter versucht, seine Füße etwas anders um die Stange zu schlingen, so dass sie besser abstützen. Das klappt, jetzt ist es viel einfacher für die Arme und die Füße schieben mit. Er schaut nach oben, ein Stück hat er noch, aber nur noch ein kleines Stück. Er nimmt noch mal alle Kraft und allen Willen zusammen. Da, geschafft! Er ist oben angekommen. Peter freut sich. Er hat es doch geschafft. Und ist stolz, dass er sich getraut hat, es noch einmal zu versuchen.

Ablauf:

Machen Sie es sich mit den Kindern gemütlich. Lesen Sie die Geschichte von Peter vor und sprechen sie mit den Kindern darüber.

Hinweis:

Nachdem Sie mit den Kindern über die Geschichte von Peter gesprochen haben, bietet es sich an, die Kinder nach eigenen ähnlichen Erfahrungen und Erlebnissen zu fragen. Auf diese Weise lernen Sie einige Geschichten kennen, die für die Kinder mit positiven Erfahrungen von Kraft, Mut und einem „sich einsetzen für eigene Ziele" verbunden sind.

Hintergrund:

In der Geschichte ist eine Strategie enthalten, wie man konstruktiv mit einem Misserfolg umgehen kann, indem man nicht bei unangenehmen Erfahrungen „hängen bleibt", sondern wieder an positive Vorbilder denkt und sich wieder auf das Ziel konzentriert.

Der Fehlerbengel

- Puppe einführen, die aus Fehlern und Misserfolgen lernt und Lösungen sucht
- Die Handpuppe kann dann auch in anderen Situationen als Helfer verwendet werden

Voraussetzungen:

Hierzu werden Bausteine und zwei Handpuppen benötigt:

Eine der Puppen ist der Fehlerbengel, ein lustiges Wesen, das immer erscheint, wenn es einen Fehler oder Misserfolg gibt. Die andere Puppe (Toni) ist ein Kind (ein Tier wäre auch möglich), das versucht, aus Bausteinen einen Turm zu errichten.

Ablauf:

Spielen Sie den Kindern ein *Theaterstück* mit den beiden Puppen vor. Das Stück hat folgenden Inhalt:

Toni versucht, aus den Bausteinen einen möglichst hohen Turm zu

bauen. Er stapelt die Steine übereinander, hat dabei im „Erdgeschoß" nur wenige Steine hingestellt und deshalb eine sehr wackelige Basis für seinen Turm. Nach kurzer Zeit fällt der Turm zusammen und Toni ist traurig. Da erscheint der Fehlerbengel auf der Bildfläche. Er kommt hereingefegt, hat gute Laune, ist unternehmungslustig und möchte etwas entdecken. (Schön wäre auch ein lustiger Reim oder ein kleines Lied über Fehler und Lernen, dass der Fehlerbengel öfter wiederholt). Er reibt sich die Hände und umkreist den eingestürzten Turm neugierig. Dabei ist er auf der Suche nach den Gründen für den Zusammenbruch des Turms. Beide Puppen reden miteinander über den Turm. Toni erzählt, dass er traurig ist, weil der Turm zusammengestürzt ist, während der Fehlerbengel es toll findet, von dem eingestürzten Turm etwas darüber zu lernen, wie man vielleicht haltbarere Türme bauen könnte. Er untersucht die Reste und fragt Toni einiges darüber, wie er den Turm gebaut hatte. Der Fehlerbengel kommt auf das Ergebnis, dass das Fundament nicht stark genug war. Toni soll beim nächsten Turm darauf achten, dass er ein stärkeres Fundament mit mehr Steinen baut. Der Fehlerbengel verabschiedet sich, nachdem er die ganze Zeit fröhliche und interessierte Stimmung verbreitet hat, und tritt ab. Toni beginnt wieder mit dem Turm und baut diesmal ein sehr stabiles Fundament. Er stellt aber die Steine sehr wackelig übereinander, indem sie nicht wechselweise miteinander verbunden sind, sondern immer nur ein Stein auf einem anderen ruht. Der jetzt schon höhere Turm kippt wieder um, der Fehlerbengel erscheint ebenfalls wieder auf der Bildfläche. Er schaut den umgestürzten Turm an, dann lässt er sich von Toni zeigen, wie er die Steine übereinander gestellt hat und sieht das Problem. Er zeigt Toni, dass der Turm besser hält, wenn die Steine so aufeinander liegen, dass ein Stein auf zwei anderen aufliegt.

Toni baut wieder einen diesmal sehr stabilen Turm und freut sich. Der Fehlerbengel freut sich auch, beide verbeugen sich und treten ab.

Sprechen Sie mit den Kindern über das Theaterstück. Fragen Sie sie, was in der Geschichte passiert ist, was Toni und der Fehlerbengel gemacht haben und wie sie sich gefühlt haben.

Hinweis:
Der Fehlerbengel zeigt durch sein Verhalten, wie man aus Fehlern lernen kann. Im wesentlichen sind drei Schritte wichtig:

1. den Fehler erkennen;
2. herausfinden, was man daraus lernen kann;
3. überlegen, wie man es das nächste Mal machen möchte und ausprobieren, ob es klappt.

Machen sie diese Schritte den Kindern deutlich.

Hintergrund:
Die Kinder bekommen durch das Theaterstück ein Modell dafür, dass Fehler nichts Schlimmes sind, sondern dass man aus ihnen etwas lernen und an Probleme mit Neugier herangehen kann. Diese Herangehensweise führt dazu, dass man an einen Problem „dranbleibt" und sich darauf konzentriert, Lösungen zu suchen und etwas dazuzulernen und zu verbessern. Fehler sind dann ein echtes Problem, wenn sie als persönliches Versagen empfunden werden, der Selbstwert leidet und bei Kindern dazu führen, dass sie sich – vor allem bei neuen Herausforderungen – schlecht fühlen. Sie haben dann keine Aufmerksamkeit mehr zur Verfügung, sich auf eine Lösung zu konzentrieren, weil sie mit ihrem schlechten Gefühl umgehen müssen.

Ziel ist auch, den Fehlerbengel so einzuführen, dass man ihn später in verschiedenen konkreten Situationen, in denen Kinder etwas „falsch" machen, als Helfer dazu holen kann und alle etwas auf eine konstruktive und lustige Weise lernen können.

Gefühle, Motivation, Ressourcen und Gemeinschaft

Die Übungen sollen das Wissen über Gefühle und den konstruktiven Umgang mit ihnen, also das Lernen über Emotionen unterstützen. Vielfach damit verknüpft sind Motivation, das Verfügbarmachen von Ressourcen und die Erfahrung von Gemeinsamkeit und Gemeinschaft.

80 *Gefühle zeigen sich im Gesicht*
- Mimik erkennen
- Gefühle und Gesichtsausdruck einordnen

Voraussetzungen:
Zeitschriften und Papiere, in denen man viele Gesichter mit verschiedenen Gesichtsausdrücken von Kindern und Erwachsenen findet; Scheren, Kleber, Karton, auf den die Gesichter aufgeklebt werden.

Ablauf:
Die Kinder durchsuchen die Zeitschriften nach Gesichtern, die verschiedene Gefühle ausdrücken, und schneiden sie aus. Dann sortieren sie die Gesichter nach ähnlichen Gefühlen: also ein Stapel mit Gesichtern, die eher Freude ausdrücken; ein anderer Stapel für Gesichter, die Angst zeigen; wieder ein Stapel mit wütenden Gesichtern und so fort.
Die Gesichter eines Stapels werden jeweils auf einen Bereich des Kartons geklebt.

Hinweis:
Mit jüngeren Kindern die Gesichter nach grundlegenden Gefühlen sortieren, mit etwas älteren Kindern können schon mehr Gefühle differenziert werden.

Hintergrund:
Der mimische Ausdruck von Gefühlen wird bewusst beachtet. Die Mimik wird wahrgenommen und einem bestimmten Gefühl zugeordnet. Dies ist eine grundlegende Fähigkeit im Bereich der emotionalen Kompetenz. Sie

ist bedeutungsvoll, um eigene Emotionen und die von anderen Menschen zu verstehen und sich auf sie zu beziehen. Diese Fähigkeit bildet eine Basis für Kommunikation und Gemeinschaft.

Wie sehen Gefühle aus?

- **Gefühle bei anderen erkennen**
- **Verschiedene Intensitäten wahrnehmen**
- **Gefühle darstellen**

Voraussetzungen:
Entsprechend der Größe der Kindergruppe ausreichend Platz für eine Bühne und einen Zuschauerraum.

Spielablauf:
Eine Gruppe ist als erstes auf der Bühne. Die Kinder dieser Gruppe bekommen die Aufgabe, verschiedene Gefühle darzustellen. Entweder ein Kind oder Sie können die Rolle des Spielleiters übernehmen, der die einzelnen darzustellenden Gefühle ansagt.

Beginnen Sie z. B. mit Freude: Bitten Sie die Kinder, sich an das Gefühl der Freude zu erinnern und es mit ihrem Gesicht und ihrem Körper auszudrücken. Lassen Sie die Kinder auch die verschiedenen Intensitäten des Gefühls ausdrücken. Dann stoppt der Spielleiter und bittet die Kinder, sich kurz auszuschütteln. Dann gibt er das nächste darzustellende Gefühl an (Wut, Trauer, Angst, Spaß, Liebe, Neugier, Mut …).

Die Kinder der anderen Gruppe dürfen währenddessen zuschauen. Am Ende der Darstellung gibt es Applaus und es wird gewechselt: Die andere Gruppe tritt auf die Bühne und die erste Gruppe darf zuschauen, wie die Gefühle von der zweiten Gruppe dargestellt werden.

Hinweis:
Das Ausschütteln ist wichtig, um leichter aus einem Gefühl wieder herauszukommen und sich in das nächste hineinzuversetzen. Als Abschluss sollte bei der jeweiligen Gruppe ein positives Gefühl gewählt werden.

Hintergrund:
Die Kinder haben die Möglichkeit wahrzunehmen, wie sie verschiedene Gefühle ausdrücken und können dabei unterschiedliche Intensitäten ausprobieren. Sie können den unterschiedlichen Ausdruck von Gefühlen bei anderen Kindern beobachten. Die Fähigkeit, Gefühle bei anderen wahrzunehmen und einzuordnen ist eine bedeutende Grundlage jeder Kommunikation.

82 *Gefühls-Reinraus*

- ■ **Gefühle benennen und ausdrücken lernen**
- ■ **Umschalten lernen zwischen verschiedenen Gefühlen**
- ■ **Ein- und aussteigen aus Gefühlszuständen**

Voraussetzungen:
Die Gruppe ist bereits vertraut mit verschiedenen emotionalen Zuständen aus anderen, eher einführenden Übungen zur Arbeit mit Emotionen. Die Übung „Wie sehen Gefühle aus" sollte bekannt sein. Weitere Voraussetzungen: ein kleiner Gong, eine Trommel oder ähnliches, um die einzelnen Phasen der Übung zu beginnen und zu beenden; ausreichend Platz, z. B. in einer kleine Turnhalle.

Spielablauf:
Die Kinder verteilen sich, so dass jeder genügend Platz hat.

Markieren Sie mit dem Gongschlag den Beginn der Übung. Rufen Sie den Kindern ein bestimmtes Gefühl, z. B. Wut, zu. Die Kinder beginnen daraufhin, das zugerufene Gefühl in Bewegung umzusetzen und darzustellen.

Mit dem Gong bzw. der Trommel wird angezeigt, wann die Kinder ihre körperliche Ausformung und Darstellung des Gefühls wieder beenden.

Nach einem neuerlichen Gongschlag und einem neuen Kommando (z. B. Freude) beginnen die Kinder, das nun zugerufene Gefühl darzustellen.

Geben Sie dazwischen immer kurz Zeit, damit die Kinder wieder aus dem Gefühl aussteigen können, indem sie sich beispielsweise ausschütteln, hüpfen etc.

Sagen Sie dabei die gleichen Gefühlsqualitäten nicht nur einmal, sondern mehrmals an und achten Sie auf Ausgewogenheit zwischen negativen und positiven Gefühlsqualitäten.

Die Übung sollte mit einer positiven Gefühlsqualität enden.

Hinweis:

Grundlegende Emotionen sind z. B.: Freude, Wut, Spaß, Angst, Neugier, Mut, Trauer, Ärger, entspannt sein, Lachen. Darauf aufbauende Emotionen können sein: Abenteuerlust, Achtsamkeit, Ruhe, Konzentration, Neid, Eifersucht, Schuld, Scham, aufgeregt sein, genießen, erwartungsvoll sein, gelangweilt sein, enttäuscht sein.

Hintergrund:

Hier geht es darum zu lernen, aus emotionalen Zuständen wieder aussteigen zu können und dass es möglich ist, zwischen verschiedenen Gefühlszuständen hin- und herschalten, also wechseln zu können. Dies ist ein bedeutender Aspekt der emotionalen Entwicklung, die besonders in pro-

Gefühle, Motivation, Ressourcen, Gemeinschaft

blematischen Gefühlssituationen wichtig ist. Aber auch wenn ein Kind sehr aufgeregt und angespannt ist, braucht es die Fähigkeit, „umschalten" zu können, da sonst die Konzentration auf eine Sache nur schwer möglich ist.

Der Neugier auf der Spur

- ■ **Neugier bei sich und bei anderen entdecken**
- ■ **Körpergefühl dazu bewusst machen**
- ■ **Sich und andere besser verstehen**

Voraussetzungen:
Gesprächsrunde im Stuhlkreis

Ablauf:
Beginnen Sie mit den Kindern ein Gespräch über Neugier im Stuhl-kreis. Fragen Sie zum Beispiel:

- Wann bist du besonders neugie-rig?
- Gibt es etwas, wovon du mehr wissen möchtest?
- Wie fühlt sich Neugier an?
- Wo im Körper spürst du sie be-sonders?
- Was machst du, wenn du neu-gierig bist?

Hinweis:
Vielleicht überlegen Sie sich zwei oder drei eigene Erfahrungen mit Neugier und erzählen diese am An-fang, um so den Kindern den Ein-stieg ins Thema zu erleichtern.

Hintergrund:
Neugier ist ein für die Lernfreude wichtiges Gefühl. Das Nachdenken darüber, wann man selbst neugierig ist und wie sich dieses Gefühl im Körper anfühlt, schafft mehr Bewusstsein über eigene Gefühle und über Dinge, die einem wichtig sind. An Beispielen von anderen kann man über sich selbst oft viel erfahren und die anderen besser kennen lernen.

Ich freue mich auf ...

- Motivationspunkte der Kinder kennen lernen
- Nonverbalen und verbalen Ausdruck fördern
- Der Freude Raum geben

Voraussetzungen:
Verschiedene Gegenstände im Raum oder draußen, die als „Requisiten" mitbenutzt werden können (ist aber nicht zwingend nötig, sondern nur als Erweiterung gedacht).

Spielablauf:
Erzählen Sie einige Beispiele von sich oder anderen Kindern, die sich auf etwas gefreut haben: Momente, in denen sie nur darauf gewartet haben, endlich loslegen zu können, z.B. mit den neuen Rollschuhen zu fahren oder das Warten auf den ersten Schnee, um den Schlitten aus dem Schuppen zu holen, das Lego-Auto zusammenbauen oder das Freundschaftsbändchen knüpfen zu dürfen ...

Bitten Sie die Kinder, genau zu überlegen, worauf sie sich besonders freuen.

Im Anschluss daran stellen die Kinder das, worauf sie sich besonders freuen, der Reihe nach pantomimisch dar. Wenn sie wollen, dürfen dabei auch Gegenstände mitbenutzen, um etwas zu verdeutlichen.

Die anderen Kinder raten, um was es sich handelt. Dann ist das nächste Kind an der Reihe.

Hinweis:

Während dieser Übung können Sie viele Informationen darüber bekommen, was den Kindern jeweils wichtig ist und sie motiviert.

Merken Sie sich möglichst viel von dem, was die Kinder freut. An anderer Stelle können Sie dann, wenn es um Motivation geht und darum, an die Interessen der Kinder anzuknüpfen, auf diese Informationen zurückgreifen.

Hintergrund:

Mit dem Fokus darauf, was die Kinder freut, wird ein Zustand der Motivation aufgebaut. Die Kinder freuen sich auf etwas und wollen am liebsten gleich loslegen. Wenn sich diese Interessen mit Aufgaben und Lerngegenständen verknüpfen lassen, wird auch die Motivation mit dem Lerngegenstand verknüpft.

Weicher Kokon

- **Körpergrenzen spüren**
- **Geborgen sein**
- **Bedürfnisse äußern und wahrnehmen**

Voraussetzungen:

Kissen, Decken, Matratzen; je nach Menge der Materialien, Platz und Anzahl der Kinder eine sinnvolle Gruppengröße wählen.

Spielablauf:

Jeweils ein Kind wird von den anderen Kindern der Gruppe mit den Decken und Kissen bequem eingewickelt und eingepackt. Dabei sagt das Kind, das eingepackt wird, was es mag und was es nicht mag. Die anderen Kinder platzieren die Materialien entsprechend der geäußerten Wünsche. Manche Kinder mögen es beispielsweise, wenn sie ganz eng eingewickelt werden, während andere sich in lockerem Stoff wohler fühlen. Wichtig ist, dass die geäußerten Wünsche und Bedürfnisse des einen Kindes von den anderen gehört, respektiert und nachvollzogen werden. Der Kopf bleibt immer draußen, er wird grundsätzlich nicht eingepackt.

Wenn das Kind ganz gemütlich eingepackt ist und sich wohl fühlt, darf es für sich 5 Minuten so verweilen. Dann wird gewechselt und ein anderes Kind kommt an die Reihe.

Hinweis:
Wenn genug Material vorhanden ist, können mehrere Kinder gleichzeitig (aber jedes für sich) eingewickelt werden. Eine gemütliche und ruhige Atmosphäre kann mit entsprechender Musik noch unterstützt werden.

Hintergrund:
Die Kinder spüren durch die Außengrenzen ihren Körper und ihre Körpergrenze deutlich. Die weichen Materialien, von denen sie eingehüllt werden, vermitteln Geborgenheit und Sicherheit. Die Art des Kokons wird durch die Anweisung des Kindes bestimmt. Es muss sich dabei seine Wünsche bewusst machen und sie äußern. Die anderen Kinder nehmen die Wünsche des „Kokon"-Kindes wahr und machen es ihm gemütlich. Sich eigene Bedürfnisse bewusst zu machen und auf Wünsche und Bedürfnisse anderer einzugehen, sind bedeutsame Kompetenzen im emotionalen und sozialen Bereich.

Das Wohlfühlhaus
- **Sich wohl fühlen**
- **Eine sichere Basis schaffen**
- **Das eigene Zuhause mitgestalten**

Voraussetzungen:
Papier, Stifte, Farben

Übungsablauf:
Sprechen Sie mit den Kindern darüber, wo und in welchen Momenten sie sich wohl fühlen. Sammeln sie gemeinsam mit den Kindern viele Beispiele.

Im Anschluss daran laden Sie die Kinder ein, ihr eigenes Wohlfühlhaus zu malen. Sie sollen ein Haus gestalten, in dem alles Wichtige enthalten ist, damit sie sich wohl und geborgen fühlen. Sie können Menschen, Tiere

Gefühle, Motivation, Ressourcen, Gemeinschaft

Themen für Kinder

und Dinge, die dazu gehören, um sich wohl zu fühlen, in dieses Haus hineinmalen, ihnen im Haus einen Platz geben.

Schauen sie gemeinsam die fertigen Häuser an. Die Kinder können dabei erzählen, was jeweils an ihrem Haus besonders wichtig ist.

Hinweis:
Die Bilder können für einige Zeit im Raum einen Platz bekommen und so die Kinder an alles erinnern, was für sie mit Wohlfühlen verbunden ist.

Hintergrund:
Das Haus ist ein Symbol für sie selbst, für ihre Familie, für ihr Zuhause. Die Kinder ordnen und organisieren ihren Raum und füllen ihn mit dem an, was für sie mit Wohlfühlen verbunden ist. Das schafft eine sichere Basis für viele Herausforderungen.

Zuhause-Platz

- Sich einen Zuhause-Platz schaffen
- Darüber nachdenken, was an einem Zuhause-Platz wichtig ist
- Den eigenen Platz kreativ gestalten

Voraussetzungen:
Reste wie Stoff, Filz, Kieselsteine, Zapfen, Stroh, Rinde, kleine Stöckchen und andere Pflanzenteile; Materialien wie Ton; pro Kind einen Deckel von einer kleinen Pappschachtel, z. B. von einem Kinderschuhkarton.

Spielablauf:
Erzählen Sie einige Beispiele von Orten, an denen man sich zu Hause fühlt oder lesen Sie eine Geschichte vor, in dem es um einen Platz geht, an dem man sich zu Hause fühlt.

Im Anschluss daran bekommt jedes Kind einen Deckel und Ton, den es in diesen Kartondeckel hineindrückt. Er dient als Grundlage, in den man alle anderen Teile hineinstecken und quasi „festkleben" kann.

Jedes Kind gestaltet sich nun nach eigenen Vorstellungen einen persönlichen „Zuhause-Platz" mit dem vorhandenen Material, das auf bzw. im Ton angebracht wird.

Hinweis:

Die Werke müssen einige Tage trocknen und die Feuchtigkeit schlägt durch die Schachteln nach unten durch. Stellen sie sie deshalb an einem entsprechend vorbereiteten Platz ab bzw. legen Sie eine dicke Zeitung darunter.

Hintergrund:

In der Gestaltung des Zuhause-Platzes findet eine Auseinandersetzung mit dem Thema statt. Persönlich Wichtiges wird ausgewählt und angeordnet. Im übertragenem Sinne schafft man sich selbst einen solchen Platz.

Erste Hilfe

- **Negative Situation unterbrechen**
- **Emotionalen Zustand verändern**

Voraussetzungen:

Ausreichend Platz, um sich zu bewegen; eine Situation, in der die Kinder (bzw. das Kind) in einem unangenehmen emotionalen Zustand sind (ist) – besonders geeignet bei Frust, Trauer, Antriebslosigkeit; bei der Tendenz, alles negativ und problematisch zu sehen; wenn die Kinder zappelig und unruhig sein bzw. unkonzentriert sind; bei einer Situation, in der man „feststeckt".

Ablauf:

Sie unterbrechen die laufende, eher unangenehme oder festgefahrene Situation, indem sie selbst aufstehen und klare Anweisungen geben. Sie können die Unterbrechung einleiten, z. B. mit den Worten: „So, und jetzt machen wir mal etwas ganz anders!"

Bitten Sie die Kinder aufzustehen und sich kräftig auszuschütteln, mal alles abzuschütteln, was sie jetzt nicht brauchen. Wenn sie sich gut durchgeschüttelt haben, sollen sie die Arme locker um die Hüften schwingen, also von links nach rechts die Arme um den Körper fliegen lassen, während

Beine und Hüfte stabil und fest am Platz bleiben. Erzählen Sie hierzu, wie der frische Wind überall hindurch pfeift und gut durchlüftet.

Anschließend strecken die Kinder ihre Arme ganz hoch bis zur Decke. Auch der Kopf geht mit nach oben und die Augen schauen auf alles, was weit oben am Himmel, an der Zimmerdecke oder an der Wand ist. Fordern Sie die Kinder auf, zu beschreiben, was sie dort alles sehen.

Nach einiger Zeit sind die Kinder wieder bereit sich zu konzentrieren oder auf etwas Neues einzulassen.

Hinweis:
Wichtig ist es, die Körperhaltung der Kinder zu ändern, dafür zu sorgen, dass sie tief durchatmen und genügend Sauerstoff bekommen (Fenster öffnen) und dass sie die Augen im oberen Bereich bewegen.

Hintergrund:
Bei dieser Übung geht es darum, den emotionalen Zustand über die Physiologie zu verändern. Wenn sich der Körper aufrichtet, bewegt und ausreichend Sauerstoff bekommt, verändert sich die Gefühlslage. Vergleichen Sie nur die körpersprachlichen Signale wie hängende oder hochgezogene Schultern, gesenkter Kopf, (gram-) gebeugte Haltung, schlurfender Gang mit einem federnden Gang oder einer aufrechten Haltung. Wenn die Augen nach oben blicken, ist es ebenfalls viel schwieriger, tief in Gefühlen „stecken zu bleiben". Vielleicht kenn Sie es auch, dass man in Situationen, wo einem die Tränen in die Augen schießen, nach oben schaut, um das Weinen abzuwehren. Hier ist das gleiche Prinzip wirksam.

Wut und Selbstberuhigung
- **Wütend sein dürfen**
- **Sich wieder selbst beruhigen können**
- **Verschiedene Möglichkeiten der Selbstberuhigung erfahren**

Voraussetzungen:
Das Buch „Robbi regt sich auf" von Mireille d'Allancé, Moritz Verlag, Frankfurt/Main 2002: In dem Buch geht es darum, dass Robbi schon sauer nach

Hause kommt, dann noch Ärger mit seinem Vater hat und immer wütender wird. In seinem Zimmer speit er ein großes rotes Wutmonster aus und beide stellen zusammen das Zimmer auf den Kopf. Dann bemerkt Robbi, dass seine Sachen kaputt gehen und beginnt, das Wutmonster zu beruhigen. Es wird dabei immer kleiner und passt zuletzt in eine Kiste, in die es „aufgeräumt" wird. Das Buch wirkt hauptsächlich durch seine Bilder, es hat nur wenig Text.

Spielablauf:
Betrachten Sie gemeinsam das Buch. Lassen sie dabei die Kinder viel beschreiben:

- Was seht Ihr? Was passiert da?
- Was meint Ihr, wie es den verschiedenen Menschen und Wesen dort geht (Vater, Sohn, Wutmonster)?
- Was hilft Robbi, sich (bzw. das eigene Wutmonster) wieder selbst zu beruhigen?
- Wie macht er das?
- Warum will er sich selbst beruhigen?

Hinweis:
Wenn sich die Kinder noch konzentrieren können und interessiert sind, können sie eine weitere Runde anschließen, in der Sie danach fragen, wie die Kinder sich selbst wieder beruhigen, wenn sie wütend sind.

Hintergrund:
Es soll deutlich werden, dass Wut zum Leben dazu gehört und jeder einmal wütend ist. Manchmal hat man einen schlechten Tag, ist dann gereizter und wird schneller wütend. Aber es gibt auch Möglichkeiten, sich wieder zu beruhigen. Die Fähigkeit zur Selbstberuhigung ist sehr bedeutsam, um wieder in einen konzentrations- und aufnahmefähigen Zustand zu kommen, eine wichtige Grundvoraussetzung für das Lernen.

Pax, der Wutdrache

- ■ Wut angemessen ausdrücken
- ■ Verschiedene Ausdrucksmöglichkeiten und ihre Konsequenzen kennen lernen
- ■ Gefährliche und ungefährliche Ausdrucksmöglichkeiten unterscheiden

Voraussetzungen:

Die *Geschichte* „Pax, der Wutdrache":

Wir möchten euch von Pax, dem Wutdrachen erzählen. Er ist ein besonderer Fachmann, wenn es darum geht, auf eine gute Art wütend zu sein. Wenn er ordentlich wütend ist, kann er ganz große Flammen ausspeien. Er spuckt das Feuer dann im hohen Bogen auf einen Sandhaufen oder auf die Steine am Flussufer, nicht aber auf Blumen oder Gebüsch, denn sie könnten in Flammen aufgehen und zerstört werden. Er mag aber Blumen und fühlt sich wohl im Gebüsch, deshalb passt er auch in der Wut darauf auf, sie nicht kaputt zu machen.

Manchmal brüllt Pax auch, aber das funktioniert bei ihm nicht so gut und er wird schnell heiser.

Oder er schlägt mit einem Stock auf das Wasser im Teich und gegen den großen Kastanienbaum. Er passt aber genau auf, dass er nicht auf die Stelle schlägt, wo der Ameisenhaufen ist und auch nicht vor dem Mäusebau auf den Boden haut. Dort flitzen oft kleine und große Mäuse ein und aus und er möchte ja nicht aus Versehen eine davon mit dem Stock erwischen.

Aber ordentlich wo drauf hauen möchte er schon, so kann Pax seine Wut immer ganz prima loswerden. Nach einer Weile hat er dann genug und fühlt sich auch nicht mehr richtig wütend. Er möchte dann lieber wieder etwas anderes machen als wütend sein.

Spielablauf:

Lesen Sie den Kindern die Geschichte von Pax, dem Wutdrachen vor. Lassen Sie die Kinder noch einmal erzählen, was Pax macht, wenn er wütend ist. Dann fragen sie die Kinder, was sie tun, wenn sie wütend sind.

Besprechen sie die jeweiligen Konsequenzen: Bei welchem Verhalten wird jemand verletzt bzw. tut man dabei jemandem weh oder geht etwas kaputt?

Bei welchen Ausdrucksformen wird man seine Wut auf eine Art los, wo niemand zu Schaden kommt bzw. nichts (Wichtiges) kaputt geht?

Hinweis:
Bieten Sie den Kindern nach dieser Einheit die Möglichkeit, sich drinnen oder draußen zu bewegen, denn durch die Beschäftigung mit Wut und den verschiedenen Ausdrucksformen wird der Körper auch aktiviert.

Hintergrund:
Es ist wichtig, dass Kinder (und Erwachsene) merken, wenn sie wütend werden und es akzeptieren. Es müssen aber auch Ausdrucksformen für Wut entwickelt werden, die „sozial verträglich" sind, d.h. ein gewisses Maß an gegenseitigem Respekt und Sicherheit für alle gewährleisten. Dafür ist es bedeutsam, verletzendes und zerstörendes Verhalten von nicht verletzendem und nicht zerstörerischem Verhalten unterscheiden zu können.

Wutzettel

■ **Ärger und Wut thematisieren**
■ **Ausdrucksmöglichkeiten für Ärger und Wut schaffen**

Voraussetzungen:
Papier in einer möglichst grellen Farbe;
    dicke Filzmaler in verschiedenen Farben;
    Wut sollte zuvor schon thematisiert worden sein.

Ablauf:
Heranführung an das Thema: „Jeder kennt das Gefühl, wütend zu sein bei sich selbst und bei anderen …

    Zeigt mal, wie ihr ausschaut, wenn ihr wütend seid, schaut euch gegenseitig an und beobachtet, wie man das erkennt:

    Was verändert sich dann im Gesicht, was machen die Hände, …?"

Nachdem ausgiebig über die Wut gesprochen und ihr nonverbaler Ausdruck gezeigt und beobachtet wurde, kann sich jedes Kind seinen eigenen

Tens

Wutblock anfertigen. In der Wut kann man dann vom eigenen Block einen Wutzettel abreißen, ihn heftig zerknüllen und in der Gegend herum schmeißen. Demonstrieren Sie das ruhig einmal. Wenn Sie möchten, können Sie das Zerknüllen des Papiers auch mit grollenden Geräuschen oder wütendem Schimpfen begleiten Die Kinder werden dass sehr anschaulich finden und ihren Spaß dabei haben.

Anfertigen des Wutblocks: Die Kinder bekommen jeweils einen kleinen Stapel Papierblätter. Auf jedes Blatt malen sie ein Wutgesicht oder ein anderes Symbol für Wut, z. B. einen Blitz oder eckig-wütendes Gekritzel.

Die einzelnen Blätter werden anschließend gelocht und mit einer Paketschnur zu einem Abreißblock zusammen gebunden. Wenn alle Kinder fertig sind, zeigen sie sich gegenseitig ihre Blöcke mit den Wutzetteln.

Gefühle, Motivation, Ressourcen, Gemeinschaft

Lassen Sie die Kinder eine Runde wütendes Papierknüllen ausprobieren. Besprechen Sie anschließend, wie und wo der Wutzettelblock zum Einsatz kommen kann, z. B. bei einem Brettspiel, wenn eines der Kinder wegen einer Niederlage fürchterlich wütend wird, wenn man irgendwo nicht mitspielen durfte usw.

Zum Schluss überlegt sich jedes Kind einen guten Aufbewahrungsplatz für seinen Block, an dem es ihn bei Bedarf leicht erreichen kann.

Hinweis:

Sie können die Wutblöcke gut in Situationen zum Einsatz bringen, in denen in der Gruppe eine gespannte Stimmung herrscht. In solchen Momenten sollen alle ihre Blöcke holen und dann werden gemeinsam ein oder zwei Zettel heftig geknüllt.

Hintergrund:

Wut und Ärger sind Emotionen, die zum Leben dazugehören. Kinder müssen lernen, mit ihnen angemessen umzugehen. Angemessen bedeutet, die Wut in einer Weise auszuleben, so dass niemand verletzt wird und keine übermäßigen Zerstörungen vorkommen.

Mit Hilfe dieser Wutzettel wütend zu sein ist oft gleichzeitig auch ein bisschen witzig und schafft dadurch eine gewisse Distanz zur wutauslösenden Begebenheit. Die Wut wird aber nicht durch Witze versteckt, sondern sie und ihre Botschaft, z. B. wenn eine Grenze überschritten wurde, ist offenbar und man kann und muss sich auf sie beziehen.

Angst hat verschiedene Formen

- ■ **Verschiedene Formen der Angst wahrnehmen**
- ■ **Angst bewältigen können**
- ■ **Angst als „normale" Erfahrung bewerten**

Voraussetzungen:

Vorlesebuch „Ach, du lieber Schlotter-Hund" von Diana Hendry und Margaret Chamberlain, Aare by Sauerländer, Aarau, Frankfurt/Main 1995:

Themen für Kinder

In dem Buch wird eine Familie beschrieben, in der jeder vor etwas anderem Angst hat, z.B. vor Spinnen oder vor der Dunkelheit. Die Familie legt sich einen Hund zu, der ihnen dabei helfen soll, weniger Angst zu haben. Dieser Hund schlottert jedoch selbst ständig vor Angst und die einzelnen Mitglieder der Familie überwinden ihre Angst und entwickeln Mut, um dem verängstigten Hund zu helfen.

Weitere Voraussetzung: Ein gemütlichen Platz zum Vorlesen und für ein anschließendes Gespräch.

Spielablauf:

Lesen Sie den Kindern das Buch vor und beginnen Sie mit ihnen ein Gespräch über das Buch und die Angst:

– Welche Ängste haben die einzelnen Personen?
– Wie geht es dem Hund?
– Wie reagieren die Familienmitglieder auf den Hund?
– Wie überwinden sie ihre Angst?
– Warum schaffen sie es?

Hinweis:

Das Thema dieser Übung lässt sich gut in der Übung „Gespräch über die Angst" weiter vertiefen.

Hintergrund:

Das Buch macht deutlich, dass jeder, egal ob alt oder jung, bestimmte Ängste hat. Manche haben vor dem einen, andere vor etwas anderem Angst. Angst gehört zum Leben, man braucht sie nicht verstecken, sondern muss mit ihr umgehen. Manchmal kann Angst leicht überwunden werden, wenn einem jemand wichtig ist oder man sich für etwas einsetzt.

Gespräch über die Angst
- ■ **Eigene Ängste verbalisieren**
- ■ **Ängste von anderen kennen lernen**
- ■ **Erfahrung machen, dass man Angst bewältigen kann**

Voraussetzungen:
Die Übung „Angst hat verschiedene Formen" sollte dieser Übung schon vorausgegangen sein.

Gesprächsrunde, in der eine Atmosphäre von Vertrauen vorhanden ist

Ablauf:
Nachdem Sie einige Beispiele zu verschiedenen Formen der Angst erzählt haben, beginnen Sie, die Kinder nach ihren Erfahrungen mit Angst zu fragen. Sammeln Sie mit den Kindern Situationen, in denen sie Angst haben oder hatten. Fragen Sie nach,

- wie sie mit der Angst umgehen,
- wie diese Angst wieder vorbeigeht,
- wer oder was ihnen dabei helfen kann.

Hinweis:
Für manche Kinder ist es leichter, wen sie nicht direkt von sich, sondern von anderen erzählen können. Darauf können Sie mit entsprechenden Fragen eingehen. (Wovor haben andere Menschen z. B. Freunde, Omas, Eltern etc. Angst? Was machen sie, wen sie Angst haben? Wer hilft ihnen oder wie helfen sie sich selbst?)

Hintergrund:
Diese Gesprächsrunde soll die Normalität von Angst deutlich machen. Jeder hat vor irgendetwas Angst und das ist nichts, was man verbergen muss. Gleichzeitig soll hier bewusst werden, dass die Angst wieder vorbei geht und in welcher Weise man Hilfe bekommt oder welche Strategien man hat, um sich selbst zu helfen, sich zu beruhigen, sich Hilfe zu holen.

Es soll hier um „alltägliche" Ängste gehen, nicht um traumatische Erfahrungen. Wenn ein Kind nichts erzählen möchte oder sagt, dass es keine Angst hat, darf es einfach bei den anderen zuhören. Vielleicht erlebt es zur Zeit tatsächlich kaum Angst oder hat keine angstauslösenden Phantasien, vielleicht möchte es sich aber auch vor schlimmen Erinnerungen schützen, was unbedingt respektiert werden muss. Flüchtlingskinder aus Kriegsgebieten können hierfür Beispiele sein.

Angsthelfer
■ **Von der Angst zur Sicherheit**
■ **Ressourcen und Hilfe bewusst machen**

Voraussetzungen:
Angst sollte schon zuvor in der Gruppe besprochen worden sein (Übungen dazu: „Angst hat verschiedene Formen" oder „Gespräch über die Angst"); Malfarben, Papier.

Ablauf:
In einem Stuhlkreis gemeinsam sammeln:
– Wer kann helfen, wenn man Angst hat?

Gefühle, Motivation, Ressourcen, Gemeinschaft

- Bei wem oder mit wem fühlt ihr euch sicher? (z. B. Eltern, Oma, Hund ...)
- Wo fühlt ihr euch sicher, welcher Platz, welche Umgebung kann helfen? (zu Hause, im Bett, in den Armen von Papa, in meiner Burg aus Pappe, in dem Gebüsch vor meinem Haus ...)
- Was kann man tun, um sich wieder sicherer zu fühlen? (sich selbst gut zureden, innerlich oder auch laut singen, mit jemand über die Angst sprechen ...)

Nachdem die Kinder viele Beispiele erzählt und von anderen gehört haben, bekommen sie Papier und Farben. Sie dürfen jetzt auf ihr Papier all das malen, was ihnen hilft, weniger Angst zu haben und sich wieder sicher zu fühlen.

Hinweis:
Bei etwas älteren Kindern kann es sinnvoll sein, eine noch strukturiertere Anweisung zum Bild zu geben. Sie sollen sich auf das Blatt malen und in Verbindung dazu alles, was ihnen zu mehr Sicherheit verhilft, aufs Papier bringen.

Hintergrund:
Es soll ein Bewusstsein darüber entstehen, was alles hilfreich ist und auch, wie viel verschiedene Möglichkeiten da sind, um sich wieder sicherer zu fühlen. Durch das Malen auf ein Papier wird diese Fülle auch optisch deutlich und kann, bewusst oder unbewusst, als Bild erinnert werden.
Die Beispiele von anderen verhelfen zu neuen Ideen.

Mutschärpe

- ■ **Talisman für Mut**
- ■ **Kraft stärken, um Angst zu überwinden**
- ■ **Helfer aus der Tierwelt gewinnen**

Voraussetzungen:
Verschiedene Tierstempel oder Tierschablonen, Stofffarbe, Stoffstreifen, die sich die Kinder als Schärpe oder Gürtel umbinden können.

Spielablauf:
Beginnen sie ein Gespräch mit den Kindern darüber, welche Tiere für sie besonders mutig sind. Lassen Sie die Kinder im Raum herumlaufen und die Bewegungen der mutigen Tiere nachempfinden. Im Anschluss daran können die Kinder ihre Mutschärpe mit den Farben und Tieren gestalten, die für sie besonders viel Mut beinhalten.

Wenn die Schärpen fertig (und trocken) sind, binden sich die Kinder die Schärpen um und bewegen sich im Raum umher. Sie spüren den Mut der Farben und Tiere dabei in ihrem Körper.

Hinweis:
Wenn die Kinder den Mut wirklich gut in sich spüren, können Sie sie auch fragen, in welchen Situationen sie von diesem Mut noch mehr brauchen können. Laden Sie die Kinder ein, sich vorzustellen, wie sie diesen Mut, den sie jetzt spüren, einfach mit in eine solche Situation nehmen.

Hintergrund:
Eine wirksame Möglichkeit, Angst „schwächer" zu machen ist es, den Mut zu stärken und mit ihm die Angst zu überwinden. Dabei muss man nicht gegen die Angst kämpfen und versuchen, sie zum Verschwinden zu bringen, sondern einfach den Mut daneben stellen und diese Seite stärken.

Helfergeschichten
- ▨ **Helfer in Märchen finden**
- ▨ **Verfügbar machen von Entwicklungsressourcen**
- ▨ **Arbeit mit Metaphern, die für die Kinder bedeutungsvoll sind**

Voraussetzungen:
Lieblingsgeschichten oder –märchen der Kinder, in denen Helden oder andere starke positive Figuren vorkommen; Papier, Farbe oder Stifte, ggf. ruhige Hintergrundmusik, begrenzte Gruppengröße.

Themen für Kinder

Übungsablauf:
Jedes Kind erzählt in einer Gesprächsrunde seine Lieblingsgeschichte und benennt, welche Figur in der Geschichte ihm am besten gefallen hat und aus welchem Grund. Wenn alle erzählt haben, setzt sich jedes Kind an einen vorbereiteten Malplatz und malt ein Bild von sich selbst auf ein großes Blatt.

Im Anschluss daran malt es die „Heldenfigur" aus der Geschichte möglichst groß neben das eigene Abbild.

Die Kinder kommen mit ihren Bildern wieder in der Runde zusammen: Jedes Kind stellt seinen „kleinen Helden" vor und erzählt, welche Eigenschaft der Figur ihm am besten gefällt. Dabei überlegt es, wobei diese Figur ihm helfen könnte, wo und wann dieser Helfer ihn im Alltag begleiten könnte.

Hinweis:
Wichtig ist die Phantasie des Kindes, wofür die Helferfigur hilfreich sein könnte bzw. in welcher Weise das Kind dem Helfer erlaubt, zu unterstützen.

Solange sich die Ideen des Kindes hierzu in einem akzeptablen und sozial verträglichen Rahmen befinden, sollte nicht ‚nachkorregiert' werden. Gewalttätige Vorschläge sollten jedoch in Bahnen gelenkt werden, in denen niemand zu Schaden kommt, auch nicht in der Phantasie. Hier kann es hilfreich sein, die eigentlichen Absichten, die hinter gewalttätigen Äußerungen stehen, zu entschlüsseln – wie beispielsweise Sicherheit, Durchsetzung von eigenen Bedürfnissen und Zurückweisung von Grenzverletzungen – und andere Lösungen und Hilfestellungen dafür zu finden.

Hintergrund:
Geschichten und ihre verschiedenen Akteure können wahre Fundgruben sein für spezifische Fähigkeiten und ein Tor für bestimmte Handlungsmöglichkeiten darstellen. In dieser Übung geht es darum, passende Modelle zu finden, die den Kindern neue Entwicklungsimpulse geben und sie in der Alltagsbewältigung stärken und unterstützen können.

Ein Kuscheltier als Helfer

■ **Kontakt zu Helferfiguren intensivieren**
■ **Emotionale Ressourcen verfügbar machen**

Voraussetzungen:

Eigene kleine Geschichte, in der ein Helfer vorkommt, um das Thema einzuleiten;
Kuscheltiere, die die Kinder mitgebracht haben; ruhige Atmosphäre.

Spielablauf:

In einem gemütlichen Kreis stellen die Kinder ihre Kuscheltiere vor.

Sie nennen den Namen ihres Kuscheltieres und erzählen die Geschichte ihres „Helfers":

– Wie hast du dein Kuscheltier kennen gelernt?
– Was ist das Besondere an deinem Kuscheltier?
– Wie fühlt es sich an, wenn das Kuscheltier da ist, was ist das genau für ein Gefühl?
– Wann war (ist) das Tier besonders wichtig?
– Wann wäre es besonders schön, wenn es da sein könnte?
– Wo könnten die Fähigkeiten des Kuscheltieres noch hilfreich sein?

Hinweis:

Im Gespräch können auch Eigenschaften des Kuscheltieres deutlich gemacht werden, die das Kind noch nicht entdeckt hat, die aber für das jeweilige Kind im Augenblick besonders wichtig sein können.

Hintergrund:

Die meisten Kinder haben ein Kuscheltier, einen kleinen Beschützer oder Freund in Form eines Stofftieres, einer Puppe etc., die für das Kind besonders wichtig ist, die es besonders mag. Solche „Helfer" sind oft Träger besonderer Eigenschaften oder Ressourcen, die dem Kind helfen können, Schwieriges zu meistern oder einfach, sich wohl zu fühlen. Häufig helfen sie auch dabei, Selbstvertrauen und Sicherheit aufzubauen.

Gemeinsam klatschen

- Zuhören
- Sich in eine Gruppe einfügen
- Einen gemeinsamen Rhythmus finden

Voraussetzungen:
Eine Gruppe ab 5 Kindern

Spielablauf:
Sie beginnen einen bestimmten Rhythmus zu klatschen, die andern klatschen mit, bis sie einen gemeinsamen Rhythmus gefunden haben. Jetzt darf das Kind links von Ihnen einen neuen Rhythmus vorgeben und die anderen klatschen mit. Wieder nach einer Weile kommt das nächste Kind an die Reihe.

Hinweis:
Wenn alle Kinder einen Rhythmus vorgegeben haben, können Sie ihnen die Aufgabe geben, alle gleichzeitig loszuklatschen und dabei auszuprobieren, wie sie zu einem gemeinsamen Rhythmus kommen.

Hintergrund:
Hier steht einerseits das Zuhören und sich auf andere Einstellen im Vordergrund. Zusammen einen Rhythmus zu finden ist ein Prozess, in dem ein positives Gemeinschaftserleben möglich ist. Zum anderen muss jedes Kind einmal aktiv die Führung der Gruppe übernehmen, steht also für kurze Zeit im Mittelpunkt und bestimmt den Rhythmus nonverbal.

Konzentration, Aufmerksamkeit, Kultur der Stille

Konzentration und Aufmerksamkeit sind wichtig, um sich einer Sache zu widmen und Neues nachhaltig aufzunehmen. Die Fähigkeit, sich bei oder nach Störungen (wieder) beruhigen zu können, stellt dabei eine Basiskompetenz dar. Eine Kultur der Stille kann durch regelmäßiges Üben und ritualisierte Stille-Momente im alltäglichen Ablauf eingeführt werden.

Störmanöver

- ▪ **Ablenkbarkeit minimieren**
- ▪ **Störfelder in ihrer Wirkung abschwächen**
- ▪ **Störungsresistenz als Fähigkeit einführen**

Voraussetzungen:
Mit den Kindern wird zuvor eine Liste erstellt, was sie am meisten stören und ablenken kann. Dann sollten verschieden schwere Aufgaben zusammengestellt werden, die die Kinder ausführen sollen, z. B. auf einem Bein hüpfen, Eierlauf, ein Lied singen oder ein Gedicht aufsagen, etwas ausschneiden, etwas ausmalen, etwas abzählen.

Ablauf:
Ein Kind erhält seine Aufgabe. Bevor es mit dieser aber beginnt, stellen sich andere Kinder auf einer Seite oder (schwieriger:) um das Kind herum auf. Das Kind mit der Aufgabe beginnt, diese auszuführen und die anderen Kinder starten ihre vorher besprochenen Störmanöver. Berührung ist dabei nicht erlaubt. Das Spiel endet mit einem vorher abgesprochenem Ergebnis oder ist durch eine bestimmte Zeit begrenzt. Dann wird gewechselt und ein anderes Kind versucht, sich auf seine Aufgabe zu konzentrieren.

Hinweis:
Störmanöver können durch die Dauer, Lautstärke und durch die Entfernung zum Kind ‚verstärkt‘ oder ‚abgeschwächt‘ werden. Wichtig ist die passende ‚Dosis‘ zu finden. Dies sollte mit dem Kind gemeinsam abgesprochen

werden. Oftmals ist es hilfreich, die ganze Übung als eine Art sportliches Ereignis zu sehen, in der ausprobiert wird, wie lange man bei seiner Aufgabe bleiben kann.

Hintergrund:
Kinder können lernen, bestimmte Störungen zu überhören bzw. zu übersehen und so nicht mehr zwangsweise auf diese zu reagieren.

Wichtig dabei ist, dass das Kind es als Leistung begreifen kann, sich nicht ablenken zu lassen. Durch die spielerische Form bekommt das Thema eine sportliche Note, was es dem Kind erleichtert, das „bei-der-Sache-bleiben" als Fähigkeit zu verstehen.

Den Kopf frei machen

- ▪ **Raum für Konzentration und Lernen schaffen**
- ▪ **Aus blockierenden Ereignissen aussteigen lernen**

Voraussetzungen:
Eine Box oder Schuhschachtel für jedes Kind, Malpapier, kleine Papierzettel und Farbstifte;
die Kinder gehen in Zweiergruppen zusammen.

Übungsablauf:
Die Kinder zeichnen ihren Kopf oder den ganzen Körper in seinen Umrissen nach.

Anschließend malen sie auf verschiedene kleine Zettel jeweils all das, was in ihrem Kopf, in ihren Gedanken über zu Hause oder in Bezug auf die Gruppe „rumgeistert", was sie bewegt.

Die Kinder legen die kleinen Bilder in ihre Umrisszeichnung hinein und erzählen kurz davon. Dazu bewerten sie, was angenehm und was nicht angenehm ist.

Als nächsten Schritt überlegen die Kinder, von welchem Zettel bzw. welchem Gedanken es gut täte, eine zeitlang Pause zu machen.

Dann nehmen sie das jeweils entsprechende kleine Bild aus dem Umriss heraus, hinterlegen es in ihrer Box und bewahren es an einem geeigneten

Ort für eine ausgemachte Zeit auf. Nach Ablauf der besprochenen Zeit öffnen die Kinder wieder ihre Schachteln und schauen sich die Zettel an.

Besprechen Sie mit den Kindern, was von den in der Box hinterlegten Gedanken wieder da sein darf und was endgültig entsorgt werden soll und damit in den Papierkorb wandert.

Hinweis:
Der Zeitraum, bis wieder in die Schachtel geschaut wird, kann verschieden lang sein. Manchmal sind hier ein paar Stunden, ein Tag oder auch eine Woche angebracht, je nachdem, wie alt die Kinder sind und ob bestimmte aktuelle Themen in der Gruppe kreisen. Wenn die Übung zum ersten Mal gemacht wird, ist ein kurzer, überschaubarer Zeitraum zu empfehlen.

Hintergrund:
Wenn der Kopf voll ist, gibt es wenig freie Kapazität zum Lernen. Die Übung soll helfen, den Kopf zeitweise besser frei zu bekommen, emotionelle Verstopfungen zu lindern und Aufmerksamkeit für das Lernen zu ermöglichen.

Es geht darum, die Fähigkeit zu trainieren, Dinge zeitweise hinter sich zu lassen, und zumindest teilweise selbst zu entscheiden, was einen aktuell beschäftigt.

Lausi-Klausi

- **Reduzierung von Stress und Spannung**
- **Kultur der Stille**
- **Genießen von Nähe und Berührung**

Voraussetzungen:
Ruhige Musik, Musikrekorder

Spielablauf:
Die Kinder sitzen oder stehen im Kreis und wenden einander den Rücken zu.

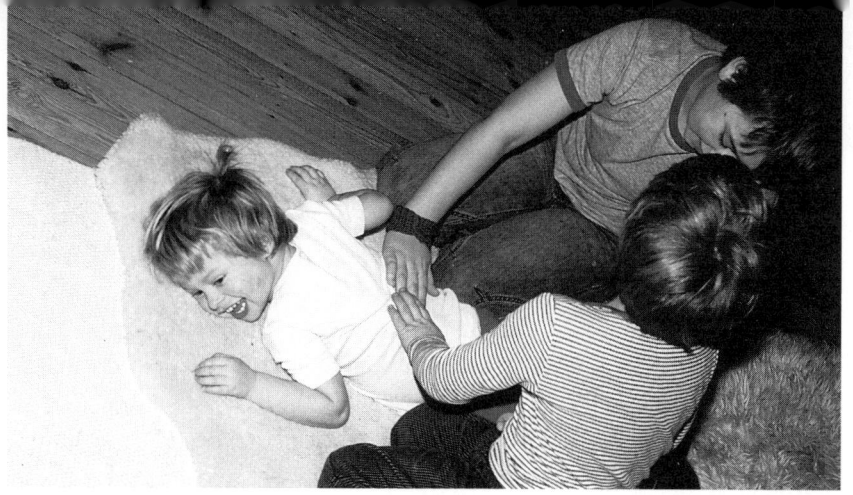

Zeigen Sie den Kindern, wo sie kraulen können, am Rücken, im Schulterbereich oder – besonders sanft – am Kopf:
- mit der Musik beginnen die Kinder, jeweils das Kind vor sich zu kraulen,
- etwas lautere Musik bedeutet: etwas mehr kraulen;
- leisere Musik bedeutet: ,leiser', also zarter kraulen;
- keine Musik bedeutet: Aufhören mit dem Kraulen und nur den Berührungen nachspüren

Insgesamt sollte ausreichend Zeit und Ruhe zum Nachspüren und Genießen sein.

Wenn es passend erscheint, lassen Sie die Kinder am Schluss erzählen, was für sie besonders angenehm war.

Hinweis:
Variation: Kraulen zu zweit oder zu dritt, ein Kind legt sich gemütlich hin und wird von einem anderen gekrault. Nach einer bestimmten Zeit wechseln sie sich ab.

Als Gruppenübung ist diese ruhige Aktivität gut geeignet, um andere Übungen zu beginnen oder zu beenden oder als Tageseinstieg oder als Abschlussritual einer gemeinsam verbrachten Zeit. Als Abschluss kann sie auch etwas Ruhe nach einer aktivierenden Einheit in die Gruppe bringen.

Hintergrund:

Positiver Körperkontakt kann mithelfen, das einzelne Kind und die Atmosphäre in der Gruppe entspannter werden zu lassen und reduziert allgemein Spannungszustände. Die Nähe und das gegenseitige Berühren ermöglicht Gemeinsamkeit, die einfach genossen werden kann.

Positive Beziehungen und eine entspannte Atmosphäre sind bedeutende Vorraussetzungen, um für das Lernen einen freien Kopf zu haben.

Schnecke Schnuck

- **Kultur der Stille einführen**
- **Lernen, sich selbst zu beruhigen**
- **Vorbereitung auf das Thema Konzentration**

Voraussetzungen:

Eine Schnecken-Stoffpuppe, die sich in ihr Haus zurückziehen oder wieder aus ihm herauskriechen kann (therapeutische Handpuppe) oder verschiedene Abbildungen mit unterschiedlichen Stadien (im Haus, halb im Haus, ganz aus dem Haus heraus).

Ablauf

Einführen des Themas z. B. mit einer kleinen passenden Geschichte über die Schnecke: den Kindern die kleine Schnecke vorstellen (oder ihr ggf. gemeinsam einen Namen geben), sie von ihnen streicheln lassen, zeigen, wie sie sich in das Haus zurückziehen oder hinauskriechen kann. *Erklärung* an die Kinder: Wenn die Schnecke ganz in ihrem Haus ist, bedeutet das, dass sie ganz viel Stille braucht. Wenn sie halb aus ihrem Haus ist, kann sie schon mehr Unruhe oder Lautsein vertragen, und ist sie ganz herausgekommen, braucht sie keine besondere Rücksichtnahme. Spielen Sie mit den Kindern mehrmals die verschiedenen Laut-Leise-Stufen durch.

So kann mit der Zeit ein sehr hilfreiches Stille-Ritual entstehen, das es ermöglicht, Stimmungen in verschiedenen Abstufungen zu variieren und zur Beruhigung beizutragen.

Wenn Sie also eine ruhigere Stimmung bei den Kindern herstellen möchten, lassen Sie die Schnecke sich ganz in ihr Haus zurückziehen.

Hinweis:
Wenn keine Spielpuppe zur Hand ist, kann auch eine Abbildung der verschiedenen Schnecken gezeigt werden.

Um für die Kinder die Notwendigkeit des leiser Werdens bei ganz zurückgezogener Schnecke noch mehr zu unterstreichen, kann es hilfreich sein, bestimmte Ereignisse bei der Schnecke vorzugeben, z.B. dass sie heute krank ist und deshalb viel Ruhe braucht.

Als Variation können auch andere Handpuppen dienen, die irgendwo herausschauen und sich wieder zurückziehen können, z.B. ein Kücken, dass aus dem Ei herauskucken und sich wieder in seine Hülle verkriechen kann oder ein Maulwurf, der den Kopf aus seinem Bau heraus steckt und sich dann wieder hinein verzieht.

Hintergrund:
Kinder brauchen geeignete Möglichkeiten, wie sie für sich lernen können, sich nach Aufregung und Spannung wieder zu beruhigen. Gerade weil Kinder heute vermehrt hektischen Einflüssen ausgesetzt sind, brauchen sie frühzeitig entsprechende Gegenimpulse, die den Boden für eine Kultur der Stille vorbereiten helfen.

Der Keks
- **Aufmerksamkeit steuern**
- **Sinne schärfen**
- **Kultur der Stille**

Voraussetzungen:
Ein Keks pro Kind (keine Schokoladenkekse, sondern trockene Kekse);
stehend oder sitzend hat jedes Kind um sich herum genug Platz, damit es
sich gut auf sich selbst konzentrieren kann.

Ablauf:
Alle Kinder schließen die Augen, werden ganz still, sie schließen ihren
Mund, damit keine Wörter mehr herauspurzeln können.

Wenn es ganz ruhig geworden ist, bekommt jedes Kind einen Keks in die
Hand, die Augen bleiben dabei geschlossen. Sie haben jetzt Zeit, den Keks
durch Tasten und Riechen kennen zu lernen, wobei die Augen weiterhin zu
bleiben: Zuerst spüren sie, wie der Keks in der Hand liegt, wie schwer er
ist, wie er sich anfühlt.

Dann nehmen sie wahr, wie er riecht.

Nach einiger Zeit dürfen sie ihn ganz vorsichtig und langsam auseinander brechen und hören, wie das klingt.

Nun dürfen sie in den Keks hinein beißen und wieder jedes Mal hören,
wie das Geräusch des Beißens und des Kauens klingt und genau auf diesen
Ton achten:

Ist es ein hoher oder tiefer, ein harter oder weicher Ton? Ändert er sich
im Verlauf des Kauens? Gibt es vielleicht verschiedene Töne? Zum Schluss
spüren die Kinder noch einmal aufmerksam, wie sich das Stillsein innen
drin anfühlt: Wie und wo merke ich, dass die Stille da ist?

Hinweis:
Sie können die Übung mit verschiedenen Essenssachen ausprobieren und
gemeinsam herausfinden, wie verschieden sie sich anfühlen, riechen,
klingen und schmecken.

Hintergrund:
Das Erzeugen von Stille und das Vermögen, diese auch aushalten, ja vielleicht auch genießen zu können, kann geübt werden. Die Fähigkeit zur Achtsamkeit und zur Selbstberuhigung ist eine wichtige und notwendige Voraussetzung zum Lernen. Gleichzeitig wird hier die Sensibilität der Sinne geschärft. Feine Empfindungen und Wahrnehmungen sind durch Ruhe, Konzentration und Langsamkeit möglich.

Abenteuer Stille
- **Stille kann interessant sein**
- **Lauschen**
- **Selbstberuhigung fördern**

Voraussetzungen:
Mehrere Gegenstände zur Klangerzeugung, z. B. Musikinstrumente oder beliebige Alltagsgegenstände, die interessante Geräusche erzeugen können; Gong um den Beginn und das Ende anzeigen zu können (Anfangs- und Schlusszeichen vorher vereinbaren);
Decke, um darauf die verschiedenen Gegenstände leise abzulegen.

Übungsablauf:
Die Kinder schließen die Augen und werden ganz still. Sie schließen den Mund, damit keine Worte und Töne mehr aus ihm heraus purzeln können (eventuell können die Augen auch verbunden werden). Wenn es ganz still geworden ist, geben Sie folgende *Einführung:*

Gleich hört ihr nach dem Anfangsgong, wenn ihr ganz ruhig seid und lauscht, einige leise Geräusche und ihr könnt erraten, was für Geräusche das sind und von welchem Gegenstand sie kommen. Ihr behaltet das aber noch für euch und erzählt erst, was ihr erraten habt, nachdem der Schlussgong wieder ertönt ist.

Der Anfangsgong ertönt: Sie machen langsam und leise verschiedene Töne mit den Materialien – Klangschale anschlagen, mit der Plastikfolie rascheln, Stöckchen zerbrechen, Murmeln aneinander klackern usw. Mal sind die Geräusche etwas lauter, mal ganz leise, erlaubt ist alles, was Geräusche und Töne produziert.

Dabei ist es wichtig, auf ausreichende Pausen zwischen den einzelnen Tönen und Geräuschen zu achten. Die Kinder merken sich die einzelnen Geräusche. Nach dem Schlusszeichen sprechen Sie gemeinsam darüber, welche Gegenstände zu hören waren.

Hinweis:

Möglich ist auch verschiedene Materialien nach einander einzuführen, z. B. einmal zum Thema Holz, ein anderes Mal zum Thema Plastik, Wasser oder Metall.

Hintergrund:

Stille ist für viele Kinder zunächst eher etwas Ungewohntes, ja Schwieriges bzw. Langweiliges. Mit der obigen Übung kann Stille aufregend und interessant werden.

Es ist jetzt eine Stille, die mit Neugier und dem Entschlüsseln von Geheimnissen verbunden ist.

Gummimensch

- **Den Körper richtig durchschütteln**
- **Überschüssige Energie und Stress abbauen**
- **Die Ruhe nach einer Aktivität genießen**

Voraussetzungen:

Ausreichend Platz für Bewegung, z. B. eine Tunhalle oder eine Wiese im Freien; Möglichkeiten, sich ruhig und ungestört hinzulegen, z. B. auf Matten, Handtücher, Decken, auf Gras, wenn es nicht zu sehr kitzelt; eventuell wilde und ruhige Musik.

Spielablauf:

Die Kinder sind wie aus Gummi, sie wackeln und zappeln hin und her, wie das Gummimenschen eben so tun. Sie sollen sich einige Zeit lang richtig auszappeln und alle Bewegungen machen, die sie als Gummimensch schaffen, mal etwas langsamer wackeln, dann wieder schneller.

Dann dürfen sich die Gummimenschen auf den Matten oder Decken ausruhen und spüren, wie der ganze Körper sich innerlich noch bewegt, während die Muskeln der Arme und Beine schon ganz ruhig daliegen, z. B. können die Kinder die Atmung und den Herzschlag wahrnehmen, vielleicht die Wärme oder sogar Hitze spüren ...

Während sie sich so entspannen und die Ruhe genießen, verwandeln sie sich von Gummimenschen wieder in normale Menschen.

Hinweis:

Wenn sie möchten, können Sie ruhige oder wilde Musik als Unterstützung für die verschiedenen Phasen einsetzen.

Hintergrund:

In dieser Übung dürfen Kinder einmal zappeln und sich bewegen, wie sie wollen. Wenn der Körper sich einmal richtig ausgezappelt hat und allen Stress und alle überschüssige Energie losgeworden ist, kann er viel leichter zur Ruhe finden und diese auch genießen. Deshalb sollte die Wackel- und Zappelphase auch mindestens so lange dauern, bis die Kinder erste Ermüdungserscheinungen zeigen.

Rätselspaß und Humor

Altersentsprechende Rätsel wecken Neugier und Aufmerksamkeit, die beide wichtige „Lernunterstützer" sind. Sie regen auch die Kreativität und die Kombinationsfreude an. Spaß und Humor fördern Gemeinsamkeit und Wohlbefinden.

Fühlkiste

- Schulung der sinnesspezifischen Fähigkeiten
- Erkennen von Gegenständen

Voraussetzungen:
Aus einer Kartonschachtel eine Fühlkiste anfertigen. Die Kiste hat einen Eingang für die Hand, durch den man aber nicht hineinschauen kann, und auf der anderen Seite eine große Öffnung, durch die man die zu ertastenden Gegenstände hineinlegen kann;
verschiedene Gegenstände.

Spielablauf:
Das Spiel beginnt mit der Bildung zweier Spiel-Gruppen. Es wird ausgelost, welche Gruppe zuerst mit dem Aussuchen und Verstecken eines Gegenstandes in der Fühlkiste beginnt.

Die zweite Gruppe geht kurz aus dem Zimmer. Während dieser Zeit wählt die erste Gruppe den Gegenstand aus und legt ihn in die Kiste.

Die zweite Gruppe wird wieder ins Zimmer gebeten, ein Kind oder mehrere Kinder der Gruppe betasten mit verbundenen Augen den Gegenstand. Sie beschreiben, was sie fühlen können und raten, was sie glauben, entdeckt zu haben.

Wenn der Gegenstand erraten wurde, gibt es Beifall. Dann darf die zweite Gruppe einen Gegenstand verstecken, während die Kinder der ersten Gruppe draußen sind.

Hinweis:
Die vorbereiteten und vorher ausgelegten Gegenstände können nach ihren
unterschiedlichen Eigenschaften ausgewählt werden, z.B. weiche, raue,
glatte, eckige, runde Materialien usw.

Hintergrund:
Hier wird insbesondere der Tastsinn sensibilisiert und geschult. Von der
Tasterfahrung muss auf einen möglichen Gegenstand geschlossen werden.
Das bedeutet, im Gehirn werden ständig verschiedene Gegenstände vorge-
stellt und verglichen und viele neue Verbindungen zwischen unterschied-
lichen Gehirnbereichen geschaffen.

Rätsel-Fuchs
▨ **Mit Spaß raten und rätseln**
▨ **Sich „denkend" mit der Welt auseinandersetzen**
▨ **Informationen verknüpfen**

Voraussetzungen:
Vorbereitete Rätsel zu bekannten Alltagsdingen, z.B.:

– Es ist grün, einmal im Jahr liegt etwas darunter, und dann freuen sich
  die Kinder. Was ist das? (Weihnachtsbaum)
– Es ist süß und läuft weg, wenn ihm zu warm wird. Was ist das? (Eis)

Der Schwierigkeitsgrad der Rätsel sollte dabei den Fähigkeiten der Kinder
entsprechen.

Spielablauf:
Ein Rätsel wird gestellt.
    Die Kinder stellen Fragen, die von Ihnen bzw. vom „Rätselsteller" mit
„Ja", „Nein", „weiß nicht" oder „vielleicht" beantwortet werden können.
Der „Rätselsteller" kann auch die Fragerichtung der Kinder mit einem
„warm"/„kalt" verstärken oder abblocken, um sie so zum Weitermachen
zu motivieren.

Hinweis:
In einer zweiten Runde können sich die Kinder unter Ihrer Mithilfe eigene Rätsel ausdenken und einander stellen. Wenn es passend erscheint, kann zum Abschluss eine Rätselkönigin bzw. ein Rätselkönig gekrönt werden.

Hintergrund:
Rätseln ist eine angenehme Form des natürlichen Lernens, da Rätseln und Enträtseln viele Elemente eines konstruktiven Lernprozesses enthält. Das Lösen von Rätseln ist eine umfassende Lernform, die logisches Denk- und Abstraktionsvermögen, Zusammenhangsdenken und Verknüpfen von verschiedenen Informationen schult.

Scherzfragen

- **Mit Spaß raten und rätseln**
- **Spaß durch unerwartete und absurde Lösungen**
- **Humor und Neugier verbinden**

Voraussetzungen:
Das Spiel ist eine Variation der vorausgegangenen Übung „Rätsel-Fuchs".
Vorbereitete Scherz- und Rätselfragen können z. B. sein:

- Was ist eine Erdbeere? (Eine Kirsche mit Gänsehaut)
- Was ist ein Sattelschlepper? (Cowboy, der sein Pferd verloren hat)
- Was ist schlimmer als ein Apfel mit Wurm? (Ein angebissener Apfel mit einem halben Wurm)
- Was hängt an der Wand und hat sich den Hintern verbrannt? (Die Bratpfanne)
- Warum legen die Hühner Eier? (Wenn sie sie werfen würden, würden sie kaputt gehen)
- Aus welchen Gläsern kann man nicht trinken? (Aus Brillengläsern)
- Was tut der Storch, wenn er auf einem Bein steht? (Er hebt das andere hoch)
- Sie wird zwar immer wieder nass, aber niemals trocken, was ist das? (Die Zunge)

Spielablauf:
Die erste Scherzfrage wird gestellt. Der weitere Ablauf ist ähnlich wie beim Rätsel-Fuchs. Die Kinder versuchen, sich der Lösung durch Fragen zu nähern. Weil das wegen der Scherzantworten oft nicht gelingen kann, ist es hilfreich, wenn man eine Fragezeit, z. B. zwei Minuten, vereinbart und diese auf einer Eieruhr einstellt. Wenn die Uhr klingelt, wird das Rätsel gelüftet.

Hinweis:
Vielleicht kennen die Kinder ebenfalls Scherzfragen oder denken sich selbst welche aus.

Hintergrund:
Diese Scherzfragen sind zum einen lustig und machen allen viel Spaß. Zum anderen denken die Kinder in verschiedene Richtungen und lassen ihre Kreativität spielen. Die Lösungen sind oft überraschend und fordern zum „um-die-Ecke-denken" auf. Auch spielen sie häufig mit der Sprache.

Rate, was es ist

- Rätsel- und Ratelust „entzünden"
- Neugier als Lernmotor unterstützen
- Zielorientierte Fragen stellen

Voraussetzungen:
Kleine gemalte Tierbilder, die auf die Stirn passen; Tesafilm

Ablauf:
Ein Kind bekommt ein Tierbild auf die Stirn geklebt, ohne dass es dieses sehen bzw. erkennen kann. Es weiß also nicht, um welches Tier es sich handelt.

Das Kind soll nun beginnen zu erraten, welches Tier sich auf seiner Stirn befindet, indem es Fragen dazu stellt, z. B.:
- Ist es im Wasser zu Hause?
- Hat es ein Fell?
- Kann es fliegen?
- Ist es größer als ich?

Die Fragen sollten mit „Ja", „Nein", „weiß nicht" oder „vielleicht" zu beantworten sein.

Unterstützen Sie das Kind, „gute" Fragen zu finden, also Fragen, die dazu führen, sich das Tier mehr und mehr vorstellen zu können.

Die anderen Kinder dürfen nur in der oben beschriebenen Weise antworten.

Loben Sie die Kinder für „gute" Fragen, für Geduld und Ausdauer oder für ihre Neugier. Weitere Systeme der Belohnung und Verstärkung können eingebaut werden (wie z. B. ein Sternchen für das richtige Erraten, bei fünf Sternchen gibt es ...).

Hinweis:
Neben Tieren können je nach Alter der Kinder auch entsprechend schwierigere Themen erraten werden, wie z. B. Comicfiguren, Werkzeuge, Spielzeug oder Haushaltsgeräte.

Hintergrund:
Raten macht viel Spaß, nutzt die natürliche Neugier der Kinder und ist eine spannende Form, Grundlagen des Lernens zu unterstützen. Dazu gehören beispielsweise das Stellen von Fragen, das Erkennen von Zusammenhängen und das Problemlösen.

Altersentsprechende Rätselspiele können auf spielerische Weise Erfolgserlebnisse vermitteln.

Ohne Worte

■ **Begriffe ohne Worte darstellen**
■ **Nonverbales Ausdrucksvermögen fördern**
■ **Differenziert beobachten**

Voraussetzungen:
Leicht darstellbare Begriffe in Form von Bildern bzw. Zeichnungen; die Bilder sind als Lose zusammengefaltet, es gibt mindestens soviel Lose wie mitspielende Kinder.

Spielablauf:
Führen Sie die *Regeln* des Spieles ein: Jedes Kind wird ein Los ziehen, auf dem ein Tier, eine Tätigkeit o. ä. zu sehen ist. Ohne dabei zu sprechen soll das Kind diesen Begriff mit Hilfe seines ganzen Körpers darstellen, damit die anderen Kinder erraten können, was auf dem Los zu sehen ist.

Das Kind soll also ohne Worte, dafür aber mit seinem ganzen Körper sprechen.

Nach der Einführung beginnt das Spiel: Jedes Kind zieht ein Los. Die Lose bleiben noch geschlossen, denn erst wird geklärt, welches Kind beginnt. Dann öffnet das erste Kind sein Los. Es darf kurz überlegen, was das Typische an dem Tier oder der Tätigkeit ist und beginnt dann, das Tier pantomimisch darzustellen.

Die anderen Kinder dürfen laut raten, was es sein könnte. Wenn der Begriff durch Zuruf erraten wurde, beendet das Kind seine Darstellung.

Nach einem Applaus für das Erraten und Darstellen ist das nächste Kind an der Reihe.

Hinweis:
Je nach Alter und Übung mit pantomimischer Darstellung ist es sinnvoll, zuerst mit einfachen Formen wie Tieren oder einfachen Verhaltensweisen zu beginnen. Später können dann komplexere Darstellungen folgen, wie beispielsweise Berufe, Rollen (Vater, Mutter, ...), Emotionen usw.

Hintergrund:
Die Kinder lernen, ihren Körperausdruck einzuschätzen und entwickeln ihre feinmotorischen Ausdrucksfähigkeiten. Sie müssen sich überlegen, was für die anderen am leichtesten verständlich und am eindeutigsten ist. Das Spiel unterstützt genaues Beobachten und die Anwendung der Beobachtung auf etwas anderes, z. B. indem die Kinder den Gang von Tobias beobachten, der versucht, eine Katze nachzumachen. Indem die Kinder sich ähnliche Bewegungen im Tierreich vergegenwärtigen, werden sie in der Regel auf die richtige Lösung kommen.

Witze-Olympiade

- ▦ **Selbstdarstellung und Selbstvertrauen**
- ▦ **Merkfähigkeit und sprachlichen Ausdruck unterstützen**
- ▦ **Sprach- und Erzählkultur fördern**

Voraussetzungen:
Das Thema Witze ist in der Gruppe eingeführt; diverse Lieblingswitze, auch sehr einfache, wurden bereits gesammelt; bequeme Gesprächsrunde.

Spielablauf:
Die Kinder sitzen im Stuhlkreis oder haben es sich auf vorbereiteten Kissen oder Matten bequem gemacht. Lesen Sie ein oder zwei lustige Geschichten als „Warm-up" vor. Anschließend kann jedes Kind, das möchte, einen Witz oder eine lustige Geschichte erzählen, was am Ende gebührend beklatscht wird. Dann ist das nächste Kind an der Reihe.

Hinweis:
Eher schüchterne Kinder sollte man zunächst in kleineren Gruppen oder im Zweiergespräch erzählen lassen. Erst zu einem späteren Zeitpunkt können diese Kinder als größere ‚Herausforderung' dann auch in einer großen Gruppe vortragen. Kinder, die oft sehr lange und raumgreifend erzählen, bekommen die Aufgabe, innerhalb einer zeitlichen Begrenzung zu erzählen. Der Ablauf der Zeit sollte dabei für sie durch eine Uhr nachvollziehbar sein.

Hintergrund:
Witze sind eine gute Möglichkeit, eine mündliche Darstellung in Zusammenhängen zu üben und mit Betonung und Pausen zu erzählen. Gemeinsam geteilter Humor verbindet. Zusammen Spaß haben und Lachen entspannt und aktiviert gleichzeitig und wirkt sich in vielerlei Hinsicht positiv auf Körper und Geist aus.

Lustige Reime finden

- *Erweiterung des Wortschatzes*
- *Humor, Kreativität*
- *Freude am Klang der Sprache*

Voraussetzungen:
Bilderkärtchen, auf denen jeweils ein Gegenstand zu sehen ist, z. B. aus einem Memory-Spiel oder selbst hergestellt mit Zeitschriften-Ausschnitten.

Spielablauf:
Zunächst wird ein Kärtchen hoch gehalten und der passende Begriff von den Kindern genannt. Dann suchen alle spontan Worte, die sich auf diesen Begriff reimen, z. B. Haus – Maus, Buch – Tuch, Gabel – Schnabel. Wenn keine Reimwörter mehr gefunden werden, kommt die nächste Karte.

Hinweis:
Sie können auch nach jedem Bild kurz gemeinsam überlegen, welche Wortpaare am lustigsten klingen.

Hintergrund:
Bei diesem Spiel steht der Spaß an der Sprache, die Freude am Reimen und natürlich auch die Erweiterung des Wortschatzes im Vordergrund.

Sprache, Formen und Zahlen erkennen

Die Übungen dieses Bereiches fördern grundlegende Fähigkeiten, die für einen späteren Lernerfolg in der Schule wichtig sind. Dazu gehört das Verstehen von Geschichten und Reihenfolgen, das sprachliche Ausdrucksvermögen, das Erkennen von Formen und die Freude am Umgang mit Zahlen.

Was ist passiert?

▪ **Texte verstehen**
▪ **Reihenfolgen erkennen**
▪ **Sprachlichen Ausdruck fördern**

Voraussetzungen:
Eine Geschichte, die in der Länge und Komplexität den Möglichkeiten der Gruppe entspricht. Ein Platz, an dem es sich alle bequem machen können.

Ablauf:
Die Kinder machen es sich gemütlich. Dann liest die begleitende Person die Geschichte vor.

Im Anschluss daran fragt sie: „Was ist geschehen?" Jetzt wird gemeinsam zusammengetragen, was in der Geschichte erzählt wurde. Wichtig ist dabei nicht die „Leistung" des einzelnen Kindes, sondern die Freude beim gemeinsamen Nacherzählen.

Stellen Sie Fragen zusammen, die den Kindern bei der Strukturierung der Geschichte helfen und sie dabei unterstützen, sich an bestimmte Details und Zusammenhänge zu erinnern. Fragen Sie

– nach dem Ort (wo?),
– nach der Tages- oder Jahreszeit (Wann?),
– nach den beteiligten Personen (Wer?),
– nach Gründen und Ursachen (Warum?).

Hinweis:
Wenn die Geschichte zusammengetragen wurde, heben Sie den gemeinschaftlichen Erfolg und die gegenseitige Hilfe hervor.

Hintergrund:
Die Aufgabe – das Nacherzählen der Geschichte – wird gemeinschaftlich gelöst. Dabei kann ein Aspekt, den ein Kind erzählt, die Erinnerung eines weiteren Details bei einem anderen Kind anstoßen. Gemeinsam wird die Geschichte nacherzählt und mit der „Warum" -Frage über Zusammenhänge laut nachgedacht, die das Verständnis der Geschichte – auch bei Kindern, die wenig sagen und nur zuhören – erweitern können.

Ebenso wird der sprachliche Ausdruck, die Wahrnehmung von Details und Reihenfolgen und das Textverständnis geübt – alles Fähigkeiten, die für den Erfolg in der Schule sehr wichtig sind.

Sprechende Körper
- **Nonverbalen Ausdruck verstehen**
- **Körpersprache in verbale Sprache übersetzen**
- **Gemeinsamer Spaß**

Voraussetzungen:
Verschiedene Bilder von Menschen oder Tieren, deren Körper einen für Kinder deutlichen Ausdruck haben bzw. eine deutliche Sprache sprechen, beispielsweise jemand, der vor Freude hochspringt, vor Ärger rot anläuft, dessen Schultern herunterhängen oder der vornüber gebeugt läuft, der mit stolz geschwellter Brust einherschreitet oder ängstlich die Schultern hochzieht usw. (zu finden in Zeitschriften, Comics, auf Fotos, z. B. Bildbänden, auf gemalten Bildern ...).

Spielablauf:
Zeigen sie ein Bild und fragen Sie die Kinder, was dieser Körper sagen würde, wenn er sprechen könnte. Sammeln Sie gemeinsam verschiedene Ideen.

Wenn genügend Ideen vorliegen, mit denen Körpersprache verdeutlicht und in Worte gefasst worden ist, gehen Sie zum nächsten Bild über.

Hinweis:
Zum Abschluss können die Kinder die witzigsten oder auch fremdesten Körperbewegungen nachmachen oder ausprobieren und sie so noch einmal mit dem eigenen Körper nacherleben.

Hintergrund:
Die Kinder nehmen nonverbale, körpersprachliche Signale und Ausdrucksformen wahr und versuchen deren Aussage zu verstehen und einzuordnen. Sie finden Worte und Sätze dazu und schulen damit auch ihren sprachlichen Ausdruck.

Interessensspaziergang

- **Sich gegenseitig kennen lernen**
- **Eigene Interessen sprachlich ausdrücken**
- **Gemeinsamkeit genießen**

Voraussetzungen:
Einen oder mehrere Räume oder auch ein Gebiet, in dem man spazieren gehen kann.

Spielablauf:
Die Kinder gehen zu zweit zusammen. Sie bekommen die Aufgabe, gemeinsam in den Räumen spazieren zugehen und sich gegenseitig zu zeigen, was jeweils für sie interessant ist und Spaß macht. Das können bestimmte Dinge sein, mit denen sie gerne spielen; Bücher, die sie gerne anschauen; Kisten, in denen sie immer wieder stöbern; bestimmte Werk- oder Bastelmöglichkeiten; auch Orte, an denen sie sich gerne aufhalten.

Bei einem vorher ausgemachten Rückruf-Ton kommen alle wieder in den gemeinsamen Raum. Der Spaziergang sollte, je nachdem in welcher Weise die Kinder mit der Situation umgehen, ca. 5–10 Minuten dauern.

Hinweis:

In einer kurzen Nachbesprechung können sie überlegen:

– Wo haben die Pärchen gemeinsame Interessen?
– Welche sind ganz verschieden voneinander?

Eventuell können Sie noch eine zweite Runde mit neu gemischten Pärchen anschließen.

Hintergrund:

Die Kinder richten ihre Aufmerksamkeit auf all das, was sie interessiert. Dabei müssen diese Vorlieben verbalisiert werden, um sie für das andere Kind deutlich zu machen. Dieser Prozess schult die sprachlichen Fähigkeiten und macht die eigenen Interessen auch bewusster. Die Kinder lernen sich gegenseitig in Bezug auf das, was sie interessiert, besser kennen. Dieses positive Wissen voneinander kann vielfach in anderen Situationen zur Anwendung kommen.

Sätze aus Reimen bilden

- **Kreativer Umgang und Spielen mit Sprache**
- **Gemeinsamer Spaß**
- **Erweiterung durch die Ideen der anderen**

Voraussetzungen:
Verschiedene Reimpaare, eventuell die Übung „Lustige Reime" vorher;
Stuhlkreis und Zweier- oder Dreiergruppen

Spielablauf:
Ein Reimpaar wird gesagt. Anschließend bekommen die Gruppen zwei Minuten Zeit, um lustige Sätze daraus zu machen. Mit einem Gong oder Klingelzeichen kommen alle wieder in den Stuhlkreis und erzählen, welche Sätze sie gefunden haben.

Wenn alle Gruppen berichtet haben, gibt es da nächste Reimpaar für die Gruppen.

Hinweis:
Je nach Alter und Fähigkeiten der Kinder können sie Zweizeiler bilden oder die Übung auf Vierzeiler erweitern und dazu noch weitere sich reimende Worte finden.

Hintergrund:
Die Kinder spielen mit der Sprache. Sie gehen durch die Reime dem Klang nach und befassen sich mit den Bildern, die durch das Ausprobieren der verschiedenen Möglichkeiten im Kopf entstehen. Das fördert die Phantasie und Kreativität und führt zumeist zu einem humorvollen Miteinander.

Kuchen backen

- Lesen und Verstehen von Anleitungen und Reihenfolgen
- Nachvollziehen einer sinnvoll organisierten Strategie
- Den Erfolg gemeinsam genießen

Voraussetzungen:

Rezept für einen einfachen Kuchen, das sehr klar und eindeutig in einer Bildabfolge dargestellt sein sollte:

– die Zutaten,

– die Reihenfolge, in der die Zutaten verwendet werden müssen,

– der fertige Kuchen, den man natürlich auch gemeinsam verzehren sollte.

Ablauf:

Eine kleine Gruppe von Vorschulkindern versucht, entsprechend der Anleitung den Kuchen soweit wie möglich selbstständig zu backen. Sie sind begleitend dabei, versuchen bei Unklarheiten möglichst mit Fragen zu helfen („Wie könnte man das machen, dass man möglichst viel von dem Teig aus der Schüssel in die Form bekommt?" o. ä.) und geben nur dann konkrete Hilfe, wenn es wirklich nötig ist.

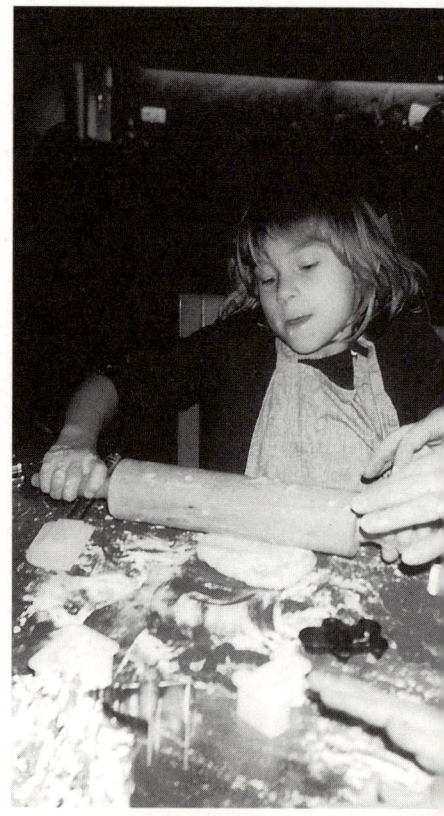

Hinweis:

Die Backzutaten und Gerätschaften wie Waage, Schüsseln etc. schon vorher an einem Platz übersichtlich bereitstellen. Natürlich sind auch viele andere Rezepte geeignet. Sie können entsprechend der Zubereitungszeit und –aufwendigkeit und unter Berücksichtigung des Alters und der Fä-

130

higkeiten der Kinder ausgewählt werden. Ein Bananenshake hat beispielsweise nur wenige Arbeitsschritte und ist schnell fertig, während ein Kuchen oder eine Pizza längere Konzentration und eine höhere Zahl von Ar-
beitsschritten erfordert. Vorlagen dazu findet man z. B. in dem Buch
„Kochen nach Bildern", Dr. Felix-Büchner, Verlag Handwerk und Technik:
Hamburg 2004

Hintergrund:
Hier sollen möglichst viele Schritte selbstständig nachvollzogen werden.
Das stärkt die Selbstwirksamkeit und fördert das eigene Nachdenken über
Lösungen. Es gibt ein definiertes Ziel, für das man bestimmte Zutaten
braucht und das mittels konkreter Schritte dann erreicht werden kann.
Der Ablauf, der von den Kindern möglichst selbstständig nachvollzogen
werden soll, ist sinnvoll organisiert (Ziel, Zutaten, Schritte). Auch das ge-
meinsame Genießen des Erfolges am Schluss gehört dazu und ist wichtig.

Speed

- Schnelles Erkennen und Vergleichen von Formen, Farben und Zahlen in Kombination
- Schnelles Spiel, das man gut mit Spannung und viel Spaß spielen
  kann

Voraussetzungen:
Kartenspiel „Speed" von Reinhard Staupe, Adlung Spiele (entsprechend
der Zahl der Mitspieler eventuell mehrere Kartendecks); Gruppen zu zweit
oder zu dritt, wahlweise Zuschauer-Rollen.

Spielablauf:
Die Kinder spielen das Spiel entsprechend der Anleitung: Sie versuchen,
ihren Kartenstapel so schnell wie möglich loszuwerden, indem sie so
schnell es geht, jeweils eine Karte entsprechend der Farbe, Form oder Zahl
ablegen.

Hinweis:

Für manche Kinder kann es hilfreich sein, erst einmal die Zuschauer-Rolle zu bekommen, um anfangs nicht auf zu vielen Ebenen gleichzeitig gefordert zu sein. So können sie erst einmal die Formen und Farben unterscheiden und in Kombination wahrnehmen lernen, bevor sie auch noch dazu agieren müssen.

Hintergrund:

Bei dem Spiel muss man sich einerseits gut konzentrieren, um schnell die Farben, Formen und Zahlen zu erkennen und mit den eigenen zu vergleichen. Andererseits muss man schnell agieren, um die eigenen Karten auf dem Ablegestapel unterzubringen. Das Spiel zielt also zum einen darauf ab, die verschiedenen Formen, Farben und Zahlen schnell und eindeutig zu erkennen und zuzuordnen. Andererseits bietet es die Möglichkeit, hektischen und unruhigen Kindern einmal ihre ständige Aktivität zu erlauben, sie sogar zu fordern. Eine hektische Stimmung kann mit diesem Spiel gut aufgefangen und kanalisiert werden und führt mitunter zu mehr Ruhe danach.

Kinder einer Erde

- ▣ **Formen wieder erkennen**
- ▣ **Erfahren, wie es anderen Kindern geht**
- ▣ **Andere Welten kennen lernen**

Voraussetzungen:

Ein Kinderglobus oder eine Kinderlandkarte, auf dem bzw. auf der die Form der Umrisse von einzelnen Ländern gut erkennbar werden; das Buch „Familien – Kinder aus aller Welt erzählen von zu Hause" von Uwe Ommer, Geolino im Verlag Gruner und Jahr, Hamburg 2003.

Übungsablauf:

In dem Buch wird auf je zwei Seiten ein Land und eine Familie vorgestellt: Auf der einen Seite ist die Familie abgebildet, auf der anderen Seite erzählt das Kind über seinen Alltag und über das Land, in dem es lebt. Das Herkunftsland ist dort auch so abgebildet, dass die Form deutlich hervortritt. Lesen Sie die Geschichten zu den einzelnen Ländern vor, schauen Sie die Fotos gemeinsam an und sprechen Sie über das Land.

Anschließen sollen die Kinder das entsprechende Land auf der Weltkarte anhand der Form des Umrisses finden.

Hinweis:
Sie können diese Übung ritualisiert als immer wieder kehrendes Angebot verwenden, z. B. als Morgenritual jeweils ein Land entdecken. Sie können auch gemeinsam überlegen:

Wie leben die Kinder dort? Was müssen die Kinder dort durch die Bedingungen der Umwelt und des Aufwachsens besonders lernen (z. B. Schleichen, Klettern, schnelles Lernen, Hüpfen, ...).

Hintergrund:
Kinder bekommen Beispiele, wie es anderen Kindern der Welt ergeht. Themen wie „Zu Hause" und „Familie" kommen ins Gespräch. Die Kinder üben über die Suche nach Umrissen die Formerkennung. Das Interesse an anderen Ländern, an Geographie und an der Welt wird geweckt. Eine erste Orientierung auf Plänen und Landkarten wird damit gefördert.

Fische zählen
- Spielerischer Einstieg in die Welt der Zahlen
- Rechnen zum Anfassen
- Dazuzählen und Abziehen verstehen

Voraussetzungen:
Das Brettspiel „Eins, Vier, Viele" von haba, Habermaaß-Spiele Bad Rodach 1996, Spiel Nr. 4570

Spielablauf:
Die Kinder spielen das Spiel entsprechend der Anleitung: Jedes Kind bekommt einen Seelöwen aus Holz. Die Kinder würfeln mit einem Würfel, wie viele Felder ihr Seelöwe außen auf dem Spielfeld vorrücken darf. In

der Mitte des Spielfeldes schwimmen viele Holzfische. Entsprechend der Position, auf die sie gelangen, können die Kinder eine bestimmte Anzahl von Fischen aus der Mitte herausnehmen und auf ihre Zählkarten legen, auf die maximal 10 Fische passen. Wer auf seiner Zählkarte am schnellsten zehn Fische hat, hat gewonnen.

Hinweis:

Das Spiel kann auch noch weiter gespielt werden: Wer seine Karte voll hat, darf sozusagen rückwärts spielen und Fische entsprechend des Position, auf die der Seelöwe gelangt, von der Zählkarte nehmen und wieder in die Mitte ins Wasser werfen. So wird nicht nur das Dazuzählen, sondern auch das Abziehen geübt.

Hintergrund:

Beim diesem sehr schön gestalteten Spiel kann das Zählen bis 10 leicht eingeübt werden. Bei jedem Schritt muss immer wieder gezählt werden: mal die Felder, die der Seelöwe vorrücken darf; dann die Fische, die herausgeangelt werden dürfen und die Gesamtmenge, die auf der Zählkarte liegen und dort übersichtlich angeordnet sind. Die Fische kann man beim Zählen in die Hand nehmen und so mit verschiedenen Sinnen die Zahlen begreifen.

Kniffeln

■ **Beim Spielen zählen lernen**
■ **Spielerisch rechnen**

Voraussetzungen:

Fünf Würfel, ein Würfelbecher, ein Kniffelblock (gekaufte, normale Version oder einfache, selbst gestaltete Version), Stift.

Spielablauf:

Die Kinder würfeln mit allen Würfeln und versuchen, eine möglichst hohe Punktzahl in den verschiedenen Feldern auf dem Kniffelblock zu erreichen.

Hinweis:
Die normale Version des Spiels erfordert schon einiges an Zahlenverständnis und rechnerischen Fähigkeiten. Sie ist mit Unterstützung ab ca. 5 oder 6 Jahren möglich. Man kann jedoch mit leichteren Varianten beginnen, z. B. indem man mit den drei Würfen nur möglichst viele gleiche „Augen" sammelt (Einer-, Zweier-, Dreier-, Vierer-, Fünfer- und Sechserpärchen). Das ist für jüngere Kinder übersichtlicher und kann auch noch gut auf den Würfeln abgezählt und verglichen werden.

Hintergrund:
Das Zählen und Rechnen ist mit dem gemeinsamen Spielen verbunden. Das Spiel ist durch die Aktion beim Würfeln überraschend und spannend. Zuerst müssen Würfel mit gleicher Augenzahl erkannt und beiseite gelegt, am Ende der drei Würfe alle Punkte zusammengezählt werden. Anfangs ist es oft hilfreich, wenn ein Erwachsener mitspielt und „Neueinsteiger" bei der Auswahl dessen, was gesammelt wird, berät oder beim Zählen und Aufschreiben hilft.

Tipps für Erwachsene

Die folgenden Aspekte sind keine Übungen für die Kinder, sondern sollen als Anregungen für die Erwachsenen dienen, die sie beachten, ausprobieren oder über die sie nachdenken können, um auf diese Weise die Lernfreude der Kinder zu unterstützen.

1. Aufmerksamkeitsübung:

Schauen Sie im alltäglichen Miteinander bei den Kindern auf
– *Ressourcezustände*, also Gefühlszustände, in denen Kinder Zugang zu ihren Fähigkeiten und ihrer Kraft haben,

– *positive Lernerfahrungen*, an die Sie die Kinder erinnern können, wenn diese gerade nicht an ihren Erfolg glauben,

– *besondere Interessen*, an die sie anknüpfen können, wenn sie die Aufmerksamkeit und das Interesse der Kinder wecken und sie für etwas begeistern möchten.

2. Ziele:

a) Um eine Einheit mit den Kindern zu planen, ist es wichtig, *Klarheit über das eigene Ziel* zu haben und zwar sowohl, um sich eindeutig zu orientieren wie auch um den eigenen Erfolg beurteilen zu können.

Fragen vorher:
– Was möchte ich in dieser Einheit erreichen?
– Was sollen die Kinder erfahren bzw. lernen?
– Wie genau sieht es aus, hört oder fühlt es sich an, wenn dieses Ziel erreicht ist?
– Welche Spiele oder Übungen können hierbei helfen?

An diese Phase der Zielklärung schließt sich die Planung und Umsetzung an. Anschließend kann die Erreichung des Zieles, also der Erfolg beurteilt und aus den Erfahrungen gelernt werden.

Fragen hinterher:
— Wo habe ich mein Ziel erreicht?
— An welchen Punkten hat es weniger gut funktioniert? Welche Gründe sehe ich dafür?
— Welche unerwarteten Entwicklungen (positive oder negative) gab es?
— Was lerne ich daraus?

b) Benutzen Sie die Übungen und Spiele *zielorientiert*. Übungen fördern immer verschiedene Ziele gleichzeitig. Eine Übung kann also zu verschiedenen Zwecken und in verschiedenen Lernsituationen eingesetzt werden.

3. Reflexion zu verschiedenen Themen:

Oftmals kann die Reflexion zu einem Thema mehr Klarheit über die persönliche Haltung und bevorzugte Umgangsweisen ermöglichen. Daraus können sich neue Ziele, erweiterte Möglichkeiten oder eine neue Perspektive entwickeln, die das eigene Leben und das Zusammensein mit den Kindern bereichern.

Fragen, die bei einer Reflexion helfen können:

Emotionen:
— Welchen Emotionen begegne ich sicher und selbstverständlich?
— Vor welchen Emotionen habe ich eine Scheu, welchen gehe ich aus dem Weg, soweit es möglich ist?
— In Bezug auf welche Gefühle würde ich gerne noch mehr Möglichkeiten im Umgang, im Verhalten und im persönlichen Ausdruck haben?

Einstellung zum Lernen:
– Welche Einstellung habe ich in Bezug auf Lernen?
– Wann lerne ich mit Begeisterung?
– Was denke ich über meine Fähigkeiten zu lernen?

Erfolg:
– Welche Erfolgserlebnisse sind in meinem Leben bedeutsam?
– Wo habe ich meine Ziele erreicht?

Misserfolg:
– Wie gehe ich mit Misserfolgen um?
– Was mache ich, wenn etwas nicht klappt?

Fehler:
– Wie denke ich über Fehler?
– Welche Gefühle habe ich, wenn ich etwas falsch gemacht habe?
– Was denke ich über andere, wenn sie einen Fehler machen?
– Wie reagiere ich?

Übersicht
über die einzelnen Übungen und Spiele

139

Konzentration, Aufmerksamkeit, Kultur der Stille

Rätselspaß und Humor

Sprache, Formen und Zahlen erkennen

Tipps für Erwachsene

LITERATUR

Aust-Claus, E. & Hammer, P. (1997): Auch das Lernen kann man lernen. Ratingen: Oberstebrink.

Averill, J. & Nunley, E. (1993): Emotionen: Die Entdeckung der Gefühle. Ursprung und Entwicklung unserer Gefühle. Hamburg: Kabel

Csikszentmihalyi, M. (1992): Flow. Das Geheimnis des Glücks. Stuttgart: Klett-Cotta.

d' Allancé, M. (2000): Robbi regt sich auf. Frankfurt am Main: Moritz.

Edelstein, W.(Hg.)(1995): Entwicklungskrisen kompetent meistern. Der Beitrag der Selbstwirksamkeitstheorie von Albert Bandura zum pädagogischen Handeln. Heidelberg: Asanger.

Enders, U./Wolters, D. (1994): Schön & blöd: Ein Bilderbuch über schöne und blöde Gefühle. Weinheim: Anrich.

Goleman, D (1997).: EQ. Emotionale Intelligenz. München: dtv.

Jerusalem, M./Pekrun, R. (1999): Emotion, Motivation und Leistung. Göttingen: Hogrefe.

von Keyserlingk, L. (1999): Geschichten gegen die Angst. Freiburg: Herder.

Hendry, D./Chamberlain, M. (1995): Ach, du lieber Schlotter-Hund. Aarau, Frankfurt am Main: Aare.

Hüther, G. (2001): Bedienungsanleitung für ein menschliches Gehirn. Göttingen: Vandenhoeck & Ruprecht.

Hüther, G. (2003): Leben lernen ohne Dressur. Interview in: Publik-Forum, Nr. 10, S. 19.

Koller, O./Schiefele, U. (2001): Zielorientierung. In: Rost, D. (Hg.): Handwörterbuch Pädagogische Psychologie. Weinheim, PVU, S. 811–815.

Krapp, A/Ryan, R. M. (2002): Selbstwirksamkeit und Lernmotivation. In: Jerusalem, M./Hopf, D. (Hg.): Zeitschrift für Pädagogik. Selbstwirksamkeit und Motivationsprozesse in Bildungsinstitutionen. 44.Beiheft. S. 54–82.

Kreul, H. (1996): Ich und meine Gefühle. Bindlach: Loewe.

Kreul, H. (1998): Das kann ich. Von Mut und Selbstvertrauen. Blindlach: Loewe.

LeDoux, J. (1998): Das Netz der Gefühle. Wie Emotionen entstehen. München: Hanser.

Liebertz, C. (2004): Das Schatzbuch der Herzensbildung. München: Don Bosco.

Maddi, S. (1970): The Search for Meaning. In: Arnold, W.&Page, M. (Hg.): Nebraska symposium on motivation. University of Nebraska Press. S. 137–186.

Petermann, F. & Wiedebusch, S. (2003): Emotionale Kompetenz bei Kindern. Göttingen: Hogrefe.

Pfeffer, S. (2002): Emotionales Lernen. Ein Praxisbuch für den Kindergarten. Weinheim: Beltz.

Pfeffer, S. (2004a): Die Welt der Gefühle verstehen. Freiburg: Herder.

Pfeffer, S. (2004b): Die Vielfalt der Gefühle. Emotionale Kompetenz im Kindergarten fördern. In: Buchner, A./Lauermann, K./Walcher, E. (Hg.): Wie viel Gefühl braucht der Mensch? Emotionen im pädagogischen Alltag. 53. Internationale Pädagogische Werktagung Salzburg. Wien, öbv & hpt.

Portmann, R. (Hrsg.) (1994): Mut tut gut. Würzburg: Arena.

Roth, G. (2001): Fühlen, Denken, Handeln. Wie das Gehirn unser Verhalten steuert. Frankfurt am Main: Suhrkamp.

Rücker-Vogler, U. (1994): Bewegen und Entspannen: Spiele und Übungen für Kinder. Ravensburg: Ravensburger.

Saarni, C. (2002): Die Entwicklung von emotionaler Kompetenz in Beziehungen. In: M. von Salisch (Hg.): Emotionale Kompetenz entwickeln, S. 3–30. Stuttgart: Kohlhammer.

Scheich, H. (2002): Begeisterung diszipliniert. In: Der Spiegel, Nr. 27, S. 76–77.

Scheunpflug, A. (2001): Biologische Grundlagen des Lernens. Berlin: Cornelsen Scriptor.

Shapiro, L. E. (1998): EQ für Kinder. München: dtv.

Singer, W. (2002): Der Beobachter im Gehirn. Essays zur Hirnforschung. Frankfurt am Main: Suhrkamp.

Spitzer, M. (2002): Lernen. Gehirnforschung und die Schule des Lebens. Heidelberg: Spektrum.

Spitzer, M. (2004): Selbstbestimmen. Gehirnforschung und die Frage: Was sollen wir tun? Heidelberg: Spektrum.

Triandis, H. C. (1975): Einstellungen und Einstellungsänderungen. Weinheim: Beltz.

Vester, F. (1998): Denken, lernen, vergessen. München: dtv

Walter, G. (1998): Ich und meine Freunde. Kinder werden selbstbewußt und tolerant. Freiburg: Herder, 2.Auflage.

Zimmer, R. (2000): Handbuch der Sinneswahrnehmung. Freiburg: Herder.

143

Informationen & Fortbildungen

Lernfreude, Motivation und Emotionale Kompetenz

Wenn Sie sich informieren möchten oder entsprechende Fortbildungsmöglichkeiten suchen, freuen wir uns, wenn Sie mit uns Kontakt aufnehmen.

E-Mail: lustauflernen@pfefferkom.de

Internet: www.lust-auf-lernen.de

           www.emotionales-lernen.de